Der Betrug der „Linken" an den Arbeitern

Ein Erfahrungsbericht

Bodo Goldmann

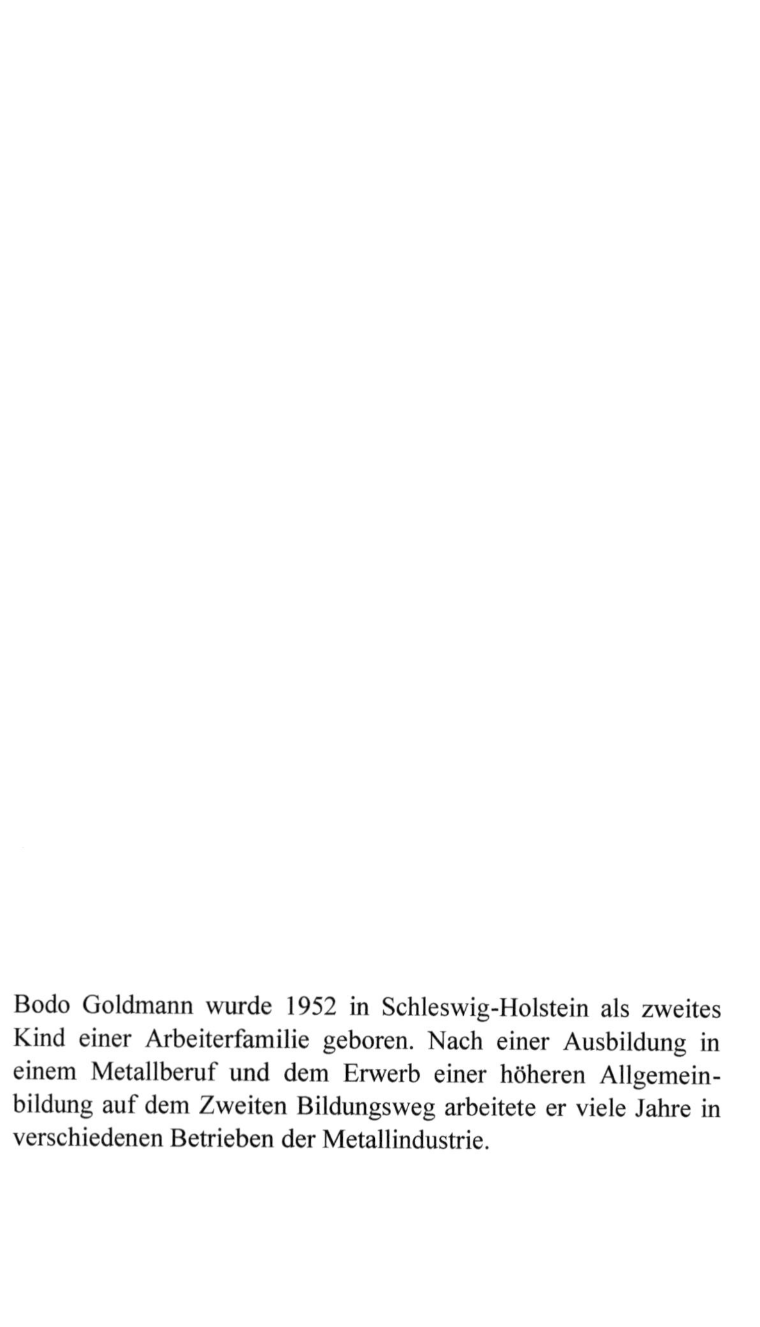

Bodo Goldmann wurde 1952 in Schleswig-Holstein als zweites Kind einer Arbeiterfamilie geboren. Nach einer Ausbildung in einem Metallberuf und dem Erwerb einer höheren Allgemeinbildung auf dem Zweiten Bildungsweg arbeitete er viele Jahre in verschiedenen Betrieben der Metallindustrie.

Für meine Kollegen und alle Arbeiter

Vollständige Taschenbuchausgabe
Alle Rechte vorbehalten
Copyright © 2019 Bodo Goldmann
bodo_goldmann@web.de
Illustration Titel: A. D.

Herstellung und Verlag:
BoD – Books on Demand, Norderstedt
Printed in Germany
ISBN: 9783732287130

Vorwort

Dieses Buch wendet sich an Arbeiter, es ist kein Diskussionsbeitrag für „Linke" oder „linke" Politik. Es ist eher eine persönliche Warnung eines Arbeiters für Arbeiter vor den „Linken". Also kein Werk mit einem wissenschaftlichen Anspruch – sondern mein persönlicher Erfahrungsbericht und meine persönlichen Gedanken zur politischen „Linken". Und das alles aufzuschreiben, war wirklich schwer genug. Und ich konnte noch vier Menschen nach ihren Erfahrungen befragen, s. die Interviews.

Politisch „links" zu sein, hieß einmal, auf der Seite der Menschen zu sein, die ihre Arbeitskraft auf dem freien Arbeitsmarkt verkaufen müssen, um zu existieren. Politisch „links" zu sein, hieß einmal, auf der Seite der Arbeiter, der Arbeiterklasse zu stehen; und es hieß sogar meistens, selbst aus der Arbeiterklasse zu kommen bzw. zu ihr zu gehören. „Linke" politische Aktivität hieß einmal, für konkrete Verbesserungen für die Menschen der Arbeiterklasse zu kämpfen, deren Interessen zu vertreten.

Das ist heute, im Jahr 2019, vorbei. Politisch „links" zu sein, ist eine Attitüde von gutsituierten Mittelständlern geworden. „Linke" politische Aktivität heißt jetzt, den sich „links" nennenden Wohlstandsbürgern ein Wohlgefühl zu verschaffen und ihnen auf vielerlei Weise zu bestätigen, dass sie gute und wunderbare Menschen sind. Die Besten der Welt. Und „linke" politische Aktivität ist aktuell oft genug gegen Arbeiter, gegen die Arbeiterklasse gerichtet. Nach meiner Erfahrung werden Arbeiter von Linken primär benutzt und betrogen.

Diskussionen über die „richtige linke" Politik, über „linke" Strategie und Taktik gibt es genug und reichlich. Ist auch kein Wunder, wenn man mit Diskussionen und Reden Macht, Einfluss und Geld und persönliches Glück und ein befriedigtes Geltungsbedürfnis gewinnen will und selbst nicht zur Arbeiterklasse gehört. Wenn man also den eigenen Ball im Spiel halten will. Daran braucht man sich als Arbeiter nicht zu beteiligen – warum sollten wir uns an den intellektuellen Spielereien des wohlsituierten Mittelstands beteiligen? Wichtig ist nur, dass wir Arbeiter untereinander reden und uns nicht von „linken" Wohlstandsbürgern benutzen, täuschen und betrügen lassen. Ja, das ist meiner Meinung nach das wichtigste für uns: Das wir Arbeiter miteinander reden und uns gegenseitig ehrlich sagen, wie es uns geht und wie wir die Dinge sehen. Was „Linke" sagen, ist für uns unwichtig. Vertrauen wir ruhig darauf, was wir selbst sehen und hören, fühlen und denken – und ignorieren wir, was uns „Linke" einreden wollen.

Zu mir persönlich:
Ich hatte das Glück, meine Berufstätigkeit in der Metallindustrie durch einen Altersteilzeit-Vertrag recht früh beenden zu können, mit 60 Jahren begann meine „passive" Phase der Altersteilzeit – und ich musste nicht mehr zur Arbeit!
Und so hatte ich mit 60 viel Zeit zum Reisen, Lesen; für Aktivitäten und Interessen, die in meinem Leben während meiner Berufstätigkeit immer zu kurz kamen.
Und zwischen meinen Reisen las ich sehr viel. Aber darum geht es hier ja nicht. Es geht hier um meine Erfahrungen mit linker Politik.

Politisch sozialisiert wurde ich als Lehrling durch Ausläufer der außerparlamentarischen Opposition (APO) 1967/68, durch die Massenproteste gegen den Vietnamkrieg. Ich beteiligte mich bereits als 16jähriger daran, machte in Lehrlingsgruppen mit, wurde Mitglied einer sozialistischen Jugendgruppe – und blieb in meinem ganzen Leben in meinem Selbstverständnis immer politisch „links". Ich sympathisierte durchaus mit den Grünen, als sie gegründet wurden und zunächst links von der SPD waren. Und beobachtete interessiert den Prozess der Anpassung dieser Partei. Als die Partei Die Linke gegründet wurde, war ich von Anfang an dabei. Ich war froh, endlich wieder eine politische Heimat gefunden zu haben und engagierte mich dort. Primär motiviert durch die sogenannte Agenda 2010 der rot/grünen Schröder/Fischer – Regierung. Mitglied bin ich immer noch, aber nur noch als Karteileiche. Ich beteilige mich nicht mehr, denn was heute als „linke" Politik firmiert, ist meilenweit von einer

Interessenvertretung der Arbeiter entfernt. Und nicht nur das – es grenzt an Betrug. Meine Meinung.

Inhaltsverzeichnis

Die APO

Seit meiner Jugend interessiere ich mich für Politik. Und zwar für linke Politik. Es war die Zeit des Vietnamkrieges, als ich Lehrling wurde. Dieser Vietnamkrieg war eine schreiende, grausame Ungerechtigkeit, und selbst wir Lehrlinge redeten darüber. Dass die damalige Außer-Parlamentarische-Opposition, die APO, die sogenannte Studentenbewegung von 1967/68, bis zu uns in die Kleinstadt schwappte, kam noch hinzu.

Ich beteiligte mich bereits als 16jähriger an Demonstrationen gegen den Vietnamkrieg in Hamburg, machte in Lehrlingsgruppen mit, wurde Mitglied einer sozialistischen Jugendgruppe – und blieb in meinem ganzen Leben in meinem Selbstverständnis immer politisch „links".

Wir kamen in unserer Freizeit in Jungsozialisten – oder Lehrlings-Gruppen zusammen und versuchten, mit Hilfe von Broschüren und irgendwelchen Papieren etwas zu lernen, über politische und gesellschaftliche Zusammenhänge und andere mögliche Gesellschaftsformen. Wir lasen Marx- und Engels-Hefte, die vermutlich aus der ehemaligen DDR importiert wurden. Natürlich nützte uns das im realen Leben herzlich wenig, mir jedenfalls nicht.

Aber es war halt der Zeitgeist, und bei der Juso-Gruppe, in der wir z. B. Lenins „Staat und Revolution" lasen, waren auch noch hübsche Mädels dabei, zu denen ich als Maschinenschlosser-Lehrling sonst nie in Kontakt gekommen wäre. Wobei der Kontakt nie so eng wurde, wie es meinen nächtlichen Phantasien entsprach.

Die treibenden, organisierenden Kräfte waren Studenten; Leute, die noch in unserer Kleinstadt wohnten, aber bereits in Hamburg studierten.

Später im marxistisch-leninistischen Lehrlingskollektiv war ich sogar der einzige Lehrling. Ich weiß leider nicht mehr, was wir uns dort zusammenfaselten, wobei ich sicher wenig bis nichts sagte, aber irgendetwas wurde dort geplant und natürlich nie verwirklicht. Ich glaubte diffus an den Sozialismus und die Revolution und dass im Sozialismus alles besser ist.

Einer war dabei, der sich für Fotografie interessierte und uns seine

Hilfe anbot, wenn Fotos irgendwie relevant wären. Dazu kam es aber nie. Was ihn nicht davon abhielt, weiter teilzunehmen und immer wieder sein Hobby ins Spiel zu bringen.

Später wurde er Professor für Fotografie an einer Hochschule. Man muss eben wissen, was einem wichtig ist.

Während ich durch die Einführung des Sozialismus auf eine Verbesserung der Lage der Arbeiterklasse hoffte oder diffus auf ein besseres Leben für mich, konzentrierte er sich auf sein Hobby, auf das, was ihn interessierte und weiterbrachte, und damit auf seine spätere Karriere. Er war nicht der Einzige, der den Sprung vom linksradikalen Schüler oder Studenten zu einer ansehnlichen Position im öffentlichen Dienst schaffte. Kann man es ihnen vorwerfen? Sie konnten jedenfalls nichts für meine Naivität. Dass ich alles glaubte, was sie von sich gaben, war ja nicht ihre Schuld.

Mein Vater warnte mich vor den sich „links" und „revolutionär" gebenden Studenten. Er meinte, das wären später die, die die „guten Posten" hätten. Damals verwarf ich seine Meinung natürlich. Aber er hatte recht, wie sich später herausstellte. Für die meisten „revolutionären" Studenten war mit dem Ende ihres Studiums die Revolution vorbei. Dann ging es ans Geld verdienen. Mit einem „Marsch durch die Institutionen" wurde der Einstieg der „Revolutionäre" in den öffentlichen Dienst zunächst noch verbrämt und die Karrieren gerechtfertigt.

Dazu fällt mir noch mein Genosse V. aus der sozialistischen Jugendorganisation ein, der einmal herumtönte: „Ich studiere zwar Pädagogik, aber das ist nicht so wichtig. In erster Linie bin ich Kommunist!" Er glaubte das ehemals wohl selbst – allerdings war es mit seiner kommunistischen Identität nach Beginn der Tätigkeit als Lehrer an einer Schule vorbei.

Ja, und so wurden aus dem Großteil der ehemaligen revolutionären Studenten gutverdienende Staatsangestellte. Die keinerlei Skrupel hatten, das gute Geld des Staates in Empfang zu nehmen. Wir Arbeiter blieben Arbeiter. Jedenfalls fast alle. Die Trennung zwischen den gesellschaftlichen Schichten änderte sich nicht.

In anderen Ländern, denn die Studentenbewegung hatte sich in vielen Ländern entwickelt, lief es ähnlich. In Frankreich rief ein bekannter Kommunist den protestierenden Studenten zu: „Geht nach Hause, in zehn Jahren seid ihr Notare!" (Zitiert aus dem Buch „Rückkehr nach Reims" von Didier Eribon) Und so kam es auch. Zwar wurden nicht alle Notare, aber sie machten Karrieren zum Teil bis in höchste Staatsämter. Ebenso lief es in Deutschland.

Und ist es heute anders? Nur, dass ich nicht mehr so naiv bin, dem Gerede der Postenjäger zu glauben, das ist heute anders. Aber die Naiven sind ja nachgewachsen. „Die Dummen sterben niemals aus" heißt es nicht umsonst im Volksmund. Es sind immer wieder Leute so clever, für sich Vorteile zu ergattern – auch in linken politischen Bewegungen. Beute machen. Wobei es den Kindern des Mittelstands in die Gene programmiert ist, dass ihnen Führungspositionen und gutes Geld selbstverständlich zustehen. Und wenn es mit einer politischen Bewegung aufwärts geht, wie nach der Vereinigung von PDS und WASG zur Partei Die Linke, wirkt sie auf Opportunisten und Menschen mit schichtspezifischem Karrieregespür natürlich wie ein Magnet.

Allerdings reden die Linken heute auch nicht mehr von Revolution und Sozialismus, sondern von politischer Arbeit in Parlamenten. Für die man ganz zufällig schon gutes Geld bekommt…Und sie sprechen nicht mehr die Sprache der Arbeiter, die sie gar nicht mehr kennen, sondern die Sprache der Regierenden und Etablierten wie alle anderen professionellen Politiker. Kein Wunder, dass es keine emotionale Beziehung, keine Identifikation der Arbeiter mit linken Politikern gibt. Und wenn die Linken obendrauf noch unbegrenzte Einwanderung befürworten, werden sie sogar zu Feinden der Arbeiter – wenn die es sich erdreisten, unbegrenzte Einwanderung abzulehnen.

Es gab damals aber auch einige wenige Studenten, die es ernst meinten, die sich eine Arbeit in Großbetrieben suchten und dort politisch arbeiten wollten. Vermutlich haben die meisten nach kurzer Zeit wieder aufgegeben. Einen lernte ich später in meinem Großbetrieb noch kennen. Er resignierte und schaffte es, eine Umschulung zu einem kaufmännischen Beruf zu ergattern.

Er musste erkennen, dass die Arbeiter, seine Kollegen, keine politischen Veränderungen in seinem Sinne wollten. Sicher hätten sie gern noch mehr Geld gehabt, sie wussten aber auch ziemlich gut, dass sie mit ihren Löhnen an der Spitze der Arbeiterlöhne standen. Jedenfalls: Von den Revolutionären der APO blieb recht wenig Revolutionäres übrig, wohl aber jede Menge etablierter gutsituierter Bildungsbürger, auf die ihre Eltern stolz gewesen wären. Nach ihrem kurzen Ausflug in die Gefilde der Revolution kehrten sie in den Heimathafen ihrer Gesellschaftsschicht zurück.

Ideen und Meinungen entstehen nicht im luftleeren Raum

Sie haben etwas mit dem realen Leben derer zu tun, denen sie zufliegen bzw. die sie in ihren Köpfen entwickeln,
Zitat aus dem Buch „Das Wilhelminische Bildungsbürgertum" (gemeint ist die Schicht des Bildungsbürgertum des Kaiserreiches, d. V.):
„Zu offensichtlich ist der Sachverhalt, dass Ideen und Weltanschauungen nicht unabhängig von konkreten historischen Gegebenheiten entstehen, sondern in der Auseinandersetzung mit ihnen. Überdies bildeten die meisten Produzenten solch geistiger Entwürfe bis zum Ende des Ersten Weltkriegs einen relativ einheitlichen sozialen Stand, den gebildeten Mittelstand, den man gemeinhin als Bildungsbürgertum bezeichnet. Es ist einsichtig, dass die Spezifika der sozialen Lage dieses Standes für seine Ideen eine Rolle spielen."
Das Denken, die Einstellungen und die Ideen eines Menschen haben also etwas mit seinem realen Leben zu tun. Der gute alte Marx hat das so ausgedrückt: „Das gesellschaftliche Sein bestimmt das Bewusstsein."
Anders gesagt:
Die Herkunft und die Schichtzugehörigkeit prägte die Wahrnehmung der sozialen Wirklichkeit. Je reicher und wohlhabender jemand aufgewachsen ist, umso weniger empfand er soziale Ungleichheit als Problem.

Es erscheint mir auch für heute noch logisch, dass akademisch gebildete Mittelständler mit relativ sicherem finanziellen und sozialen Status andere Einstellungen, Ideen und Meinungen entwickeln als Menschen ohne akademische Bildung, die ihre Arbeitskraft auf dem freien Arbeitsmarkt verkaufen müssen. Und da bin ich wieder bei der politischen Linken. Wer ist das? Welche Schicht präsentiert sich da heute, wer nimmt da die führenden Positionen ein und wer bringt bei der politischen Linken seine Ideen, Einstellungen und Meinungen ein?
Die arbeitende Bevölkerung ohne akademische Bildung jedenfalls nicht. Ich habe mir einmal die Mühe gemacht, bei sämtlichen

Bundestags-Abgeordneten der Partei Die Linke im Jahr 2018 den Beruf und den Status der Bildung nachzulesen.

Von 69 Abgeordneten geben auf der Webseite der Fraktion 56 Abgeordnete eine akademische Bildung, ein Studium, an. Es wimmelt von Politik- und Sozialwissenschaftlern, Lehrern und Juristen. Die restlichen 13 sind hauptsächlich freigestellte Betriebsräte oder Gewerkschaftssekretäre. Also primär gutes deutsches Bildungs-bürgertum. Leider geben die Abgeordneten nicht an, ob auch ihre Eltern bereits studiert haben, das würde einiges noch klarer machen.

Und bei den anderen etablierten Parteien sind es im Bundestag die gleichen Leute, aus der gleichen Schicht, mit der gleichen Bildung, mit der gleichen Sozialisation, mit den gleichen sozialen Codes, dem gleichen Habitus. Selbstverständlich sind die linken Abgeordneten alle nur im Bundestag, um sich gegen Ungerechtigkeiten zu engagieren. Zitate: „Ich möchte Kinderarmut bekämpfen und Altersarmut verhindern…“. „…Die zunehmenden sozialen Verwerfungen… haben dazu geführt, dass ich mich zu einer Kandidatur für den Bundestag entschloss“. Selbstverständlich hat niemand für den Bundestag kandidiert, um seine Karriere weiterzuführen, mehr Geld zu verdienen, mehr Macht zu bekommen – nein, alles völlig selbstlos für den Kampf um eine bessere Welt.

Dazu passt dann die Aussage eines „linken“ Bundestagsabgeordneten bez. der Arbeit im Bundestag: „Wir streiten mit den Anderen (Abgeordneten der anderen Parteien, d. V.) um die besten Lösungen.“ Also nicht das geringste Bewusstsein über Klassen-Interessen, sondern Diskussion mit den Anderen seiner Schicht, die zufällig in anderen Parteien sind bzw. zu deren Parteien er zufällig nicht gehört, um die „besten Lösungen“. Welcher Arbeiter braucht solche Abgeordneten, die nicht den geringsten Schimmer von Interessen der Lohnabhängigen haben?

Aber um zum Anfangsgedanken zurückzukommen („Das gesellschaftliche Sein bestimmt das Bewusstsein“): Was unterscheidet diese linken Abgeordneten aus dem Bildungsbürgertum in ihrem Bewusstsein, ihren Ideen, ihren Werten, ihrem Denken, ihrem

Fühlen, von den Menschen der Arbeiterklasse? Wo ist da die wissenschaftliche Untersuchung?

Ob die linken Abgeordneten oder die linke Partei-Stiftung mit ihrem vielen Geld jemals eine solche Untersuchung in Auftrag geben werden? Aber vermutlich wollen die wohlsituierten linken Bildungsbürger das gar nicht wissen…

Jetzt ein bisschen Historie...,

noch etwas zum vergangenen deutschen Kaiserreich, das bis 1918 bestand

Lang lang ist es her, aber so viel sind 100 Jahre vielleicht auch nicht.

Im Kaiserreich stand der Adel noch an der Spitze der gesellschaftlichen Rangordnung.

Grundbesitz, Landwirtschaft, Militär und Staatsdienst waren die primären Betätigungsfelder und die Machtbasis des Adels. Mit der Industrialisierung wurde die Macht des Adels langsam geschwächt. Das mit dieser Entwicklung verbundene bzw. entstandene Großbürgertum aus Industriellen, Kaufleuten und Bankiers beanspruchte ebenso eine gesellschaftliche Führungsrolle. Den Reichtum und das Selbstbewusstsein dieser Schicht kann man heute noch in den alten Villenvierteln mancher Städte besichtigen. Zum Bürgertum als gesellschaftlicher Schicht gehörten weiter: Das Kleinbürgertum als die Schicht der selbstständigen Handwerker, Kleinhändler, Ladeninhaber und kleinen Angestellten und Beamten. Dieses Kleinbürgertum bildete die zahlenmäßig größte Gruppe im Bürgertum.

Und natürlich das Bildungsbürgertum, die mittlere Schicht des Bürgertums. Menschen mit akademischer Bildung, also einem Universitäts-Studium. Der frühere „Stand der Gebildeten" mit der höheren Beamtenschaft, Universitäts-Professoren, Gymnasiallehrern, Richtern, der evangelischen Geistlichkeit, Ärzten, Rechtsanwälten, Schriftstellern, Künstlern, Journalisten, Redakteuren. Mit der Industrialisierung kamen Konstrukteure, Ingenieure und leitende Angestellte dazu. Die Eliten in Verwaltung, Justiz, Bildungswesen und Medien wurden an den Universitäten des Kaiserreichs herangezogen, auch die, die nach 1918 in der Weimarer Republik die Führungspositionen einnahmen.

Das Bildungsbürgertum rekrutierte sich fast nur aus sich selbst, das heißt, dass es eine relativ geschlossene Schicht war, die ihre nachfolgenden Generationen aus sich selbst generierte.

Das Bildungsbürgertum war die „kulturelle Elite", es prägte die öffentliche Kultur (Musik, Theater, bildende Künste) und dominierte die öffentliche Meinung (Bücher, Zeitungen, Parteien, Verbände).

Der Kern der Identität und des Selbstverständnisses des gesamten Bürgertums war die Abgrenzung nach unten – zu den Arbeitern. Das Bürgertum hatte Angst vor dem Anwachsen der Macht der Arbeiterbewegung und unterstützte (hauptsächlich deshalb) das Kaisertum.

Diese Abgrenzung nach unten zeigte sich in den Wohnformen, in der Kleidung, im Denken und im Lebensstil. In den Wohnungen des Bürgertums gab es z.B. „die gute Stube", einen „Salon", davon konnten die Arbeiter nur träumen. Vielleicht legten sie auch keinen Wert darauf. Die Arbeiter der Industrie grenzten sich übrigens selbst vom Bürgertum ab. Sie entwickelten ein eigenes Klassenbewusstsein, politisch präsentiert von der Sozialdemokratie (der SPD und den Gewerkschaften). Sie wussten, dass ihre Chancen in der Gesellschaft aufzusteigen, gering waren und das eine Verbesserung ihres Lebens nur durch Organisation und gemeinsamen Einsatz erreichbar war.

Die Führer der Arbeiterbewegung kamen übrigens damals schon fast alle aus dem Bildungsbürgertum, waren selbst also keine Arbeiter!... Ob das vielleicht auch ein Grund ist für bestimmte politische Entscheidungen der Organisationen der Arbeiterbewegung? „Das gesellschaftliche Sein bestimmt das Bewusstsein" heißt es doch bei Karl Marx. Wäre doch einmal Zeit, einmal den Zusammenhang zwischen gesellschaftlicher Schicht bzw. Herkunft und politischen Meinungen und Entscheidungen der Vergangenheit zu untersuchen. Daran haben aber die heutigen „Linken" nicht das geringste Interesse, denn damit würde automatisch die Frage nach dem heutigen Zusammenhang zwischen „linken" wohlsituierten Bürgern und ihrer Interpretation von „links" auftauchen.

1914 ergriff die patriotische Begeisterung beim Beginn des 1. Weltkrieges den überwiegenden Teil der Bevölkerung – doch in Worte gefasst und publizistisch verbreitet wurde die nationale Euphorie in erster Linie durch Angehörige des Bildungsbürgertums. Und die nationalen Wunschträume des Bildungsbürgertums endeten nicht mit der Niederlage von 1918 – diese Träume mündeten danach zu einem großen Teil im Nationalsozialismus, der besonders von sozial deklassierten und intellektuell heruntergekommenen Akademikern getragen wurde.

Soweit ein kurzer Ausflug in die Geschichte – Parallelen und Ähnliches zu heute sind sicher nicht zufällig.

Denn die privilegierten Bildungsbürger, nicht wir Arbeiter, beherrschen auch heute noch den öffentlichen Raum, prägen und steuern Debatten, geben einer Gesellschaft ihr Gesicht. Nur selten läuft das nicht wie gewünscht: Zum Beispiel, wenn sich in Frankreich Bürger gelbe Westen überstreifen. Oder wenn in Ostdeutschland Einheimische und Flüchtlinge aneinandergeraten. Dann wird mit Druck, Verteufelung und Geld versucht, die Unzufriedenen wieder zum Schweigen zu bringen.

Wenn man an der Beherrschung von öffentlichen Debatten durch privilegierte Menschen etwas ändern wollte, müsste man nicht-akademische Berufe aufwerten, Arbeiter, Selbstständige und Arbeitslose ermuntern und mit Hilfe sozialer Quoten auf Wahllisten bringen – aber warum sollten die, die jetzt das Heft in der Hand haben und die gutbezahlten Parlamentsposten für sich erobert haben, freiwillig etwas wieder von ihrem Besitzstand abgeben? Hinzu kommt, dass ihr Anspruch auf Führungsfunktionen und eine privilegierte Position für diese Leute selbstverständlich ist.

Bob Dylan und andere Poeten...

„Ich schreibe keine Protestsongs, ich reagiere nur. Ich habe diese Gedanken im Kopf, und ich muss sie aussprechen. Die meisten Leute können es nicht sagen. Sie behalten alles in sich drin. Für diese Leute schreibe ich meine Songs."

Soweit mein Dichter-Kollege Bob Dylan. So ähnlich sehe ich es auch: Die Dichter drücken das aus, was viele Menschen fühlen, ahnen, denken, vermuten, wünschen – aber nicht in Worte fassen und aussprechen und sogar veröffentlichen. Hinzu kommt, dass ältere Menschen gern oder nicht gern auf ihr Leben zurückblicken und einige Erfahrungen weitergeben möchten... Wie ich z. B..

Weiter der gute Bob Dylan: „Die Leute an der Macht, die brauchen sich keine Sorgen zu machen wegen irgendeines Protestsängers... Und die Kids von heute wissen spätestens mit 21, wenn sie sich ein bisschen umgesehen haben (also etwas Lebenserfahrung gesammelt haben, d. V.), dass das alles Bullshit ist."

Sicher kann man sich mit Protestsongs und anderer Musik (Metallica z. B.) gut unterhalten lassen – mit irgendwelchen Einflüssen oder Veränderungen im Leben oder in der Gesellschaft oder in der Politik hat das aber absolut nichts zu tun.

Ja, und die Leute an der Macht brauchen sich auch keine Sorgen wegen der Linken zu machen, da verhält es sich wie mit den „Protestsängern". Wobei der Unterschied zwischen „Protestsängern" und „Linken" in dieser Hinsicht wohl nicht so groß ist.

Anders gesagt von einem französischen linken Politiker (namens Jean-Luc Mélenchon): „Die Elite, die oberen 10000, haben keine Angst vor der Linken. Sie haben Angst vor dem Volk."

Es ist schon in Ordnung, als junger Mensch der Arbeiterklasse zu protestieren, Gelegenheiten gibt's dafür reichlich; sich dafür einzusetzen, die Welt zu verbessern – auch im Rahmen linker Parteien und Organisation. Aber irgendwann sollte man merken, dass sich mit „linker" Politik nichts ändert, jedenfalls nicht mit dem, was man heute unter „linker" Politik versteht – und dann etwas anderes tun, sich zu anderen, neuen Ufern aufmachen. Sich festzuklammern an die „linken" Ideen der eigenen Jugend und die Fesselung an Parteistrukturen bringt für uns nichts.

Das mag anders aussehen, wenn man in der Politik einen bezahlten Job ergattert – das passiert uns Arbeitern aber (so gut wie) nie. Ansonsten: Weg damit und raus in die Welt! Hin zum Unbekannten, zu neuen Abenteuern! Was auch immer. Und hin zu netten lieben Menschen…also weg von den bürgerlichen „Linken".

Habitus? Wir nehmen uns selbst nicht so wichtig…

Ein komisches Wort aus der lateinischen Sprache, das heute in der Soziologie verwendet wird. Was ist damit gemeint?
Mit „Habitus" bezeichnet man das gesamte Auftreten einer Person, z.B. den Lebensstil, die Sprache, die Kleidung und den Geschmack; Gewohnheiten im Denken, Fühlen und Handeln.
Am Habitus einer Person lässt sich ihr Rang oder Status in der Gesellschaft ablesen und damit die Zugehörigkeit zu einer sozialen Schicht oder Klasse.

Und mit sozialen Schichten oder Klassen hängen die Ungleichheiten in der Gesellschaft, hängt die ungleiche Teilhabe der Menschen an gesellschaftlichen Gütern zusammen.
Bei diesen „Gütern" unterscheidet man mehrere „Formen von sozialem Kapital", die für die Definition von Schichten oder Klassen eine grundlegende Bedeutung haben. Es kann sich dabei um *ökonomisches* Kapital, *kulturelles* Kapital, *symbolisches* Kapital und *soziales* Kapital handeln. Mit dem *ökonomischen* Kapital sind die materiellen Ressourcen, über die ein Mensch verfügt, gemeint. Die akademischen Titel, erworbenes Wissen und Können bilden *kulturelles* Kapital. Mit *symbolischem* Kapital sind Prestige und Anerkennung in der Gesellschaft gemeint. Die sozialen Beziehungen (Familie, Partei, Verein, Organisation, etc.) sind die Grundlage für *soziales* Kapital. (Teilweise aus Wikipedia zitiert)

Zu schwer verständlich? Anders gesagt:
Wenn eine Gruppe von Menschen ähnliche Vorlieben, Einstellungen, ähnliche Bildung, ähnliches Prestige, ähnlichen Besitz, etc. vorweist und sich außerdem in ähnlichen sozialen Verhältnissen befindet, dann haben sie viel gemeinsam. Und diese Gemeinsamkeiten nennt man „Habitus" und sie sind schicht- bzw. klassenspezifisch. Diese Eigenschaften oder sozialen Merkmale (oder der Habitus) von Menschen haben etwas mit der Schicht bzw. der Klasse zu tun, zu der sie gehören. Ja, Menschen gehören in der Gesellschaft zu einer Schicht, zu einer Klasse.
Eigentlich könnte jetzt genug der Theorie sein, denn ich will mit meinen Worten über den Habitus noch einmal auf die Unterschiede

zwischen Bildungsbürgern und der Arbeiterklasse hinweisen und an dieser Stelle keine Leser vergraulen.

Aber eins fehlt noch: Was ist eigentlich der typische Habitus bei uns, in der Arbeiterklasse, im Unterschied zum Habitus des Bildungsbürgertums?

Gehört dazu, dass wir uns selbst nicht so wichtig nehmen? Dass wir zu schnell aufgeben? Gehen wir deshalb nicht so gern auf höhere Schulen, weil dort so wenige von uns sind und wir uns deshalb dort nicht wohlfühlen? An den Schulen findet bis heute eine Art Selektion statt, eine Auswahl nach sozialer Herkunft. Geben wir da zu schnell auf, weil uns da etwas wie Anspruch und Selbstbewusstsein fehlt? Oder wollen wir uns eben nicht so gern anpassen, was ein längerer Schulbesuch erfordert? Weil wir auch von unseren Familien und unseren Milieus geprägt sind? Jedenfalls ist es für Kinder aus Familien, in denen die Eltern bereits Abitur gemacht und studiert haben, selbstverständlich, dass sie auch diesen Weg gehen. Kinder aus Arbeiterfamilien trauen sich diesen Weg nicht ohne weiteres zu, für sie sind es schwierige Entscheidungen, die mit Ängsten, Zweifeln und fehlendem Selbstvertrauen verbunden sind. Andererseits führt ein ausnahmsweise doch möglicher Aufstieg mit akademischer Bildung oft genug zum Klassenverrat, also zur Übernahme eines angelernten bürgerlichen Habitus. Was also tun? Darauf habe ich keine Antwort. Reden wir zu wenig miteinander über unsere Sorgen und Probleme? Suchen wir zu schnell nach billigen Auswegen und Betäubungen? Ich selbst habe auch nur Glück dabei gehabt, nicht als Alkoholiker zu enden. Ich glaube ich mach' mir jetzt einen Glühwein…oder ich hol' mir ein Glas von meinem selbstgemachten Schlehenlikör.

Wir nehmen uns selbst nicht so wichtig…

Vielleicht eine unserer Schwächen. Fehlt uns Vertrauen und/oder Selbstbewusstsein? Kürzlich kam ich mal wieder darauf:

Für meine ehrenamtliche Arbeit im Rahmen einer kirchlichen Einrichtung habe ich eine einjährige Ausbildung gemacht, und es kommen immer wieder Leute zum Üben in unser kleines Team, die auch diese Ausbildung machen. Und da kommt eines Morgens eine mittelalte schlanke Frau zu uns und stellt sich vor. Sie spricht klar und deutlich, hat eine gerade Körperhaltung und wirkt ziemlich energiegeladen und selbstbewusst.

Ja, sehr selbstbewusst, wie sich für mich bei jedem Satz wieder bestätigt. Jetzt ist sie hier, und jetzt will sie unsere Beratungsgespräche kennenlernen. Also los Leute – wer nimmt mich mit? Auf geht's, ich will sehen was hier läuft!

So kommt sie bei mir an - kein Selbstzweifel, keine Vorsicht, selbst Rücksicht auf uns Mitarbeiter scheint nicht ihre Welt zu sein. Als wir zum Schluss unseres Dienstes etwas mehr Zeit haben, frage ich sie nach ihrer Motivation zu unserer Ausbildung. Frisch und frei erzählt sie, dass sie mehrere Jahre im Ausland gelebt hat und jetzt hier in unserer Stadt wieder „Fuß fassen" will. Sie spricht wieder sehr klar und selbstbewusst, fast dominant. Als ob sie früher ein Heer von Hausangestellten oder Mitarbeitern gehabt hat und zu denen so gesprochen hat. Aus jeder Faser ihres Körpers spricht der gesunde, leicht elitäre gutsituierte deutsche Bildungsbürger.

Mich deprimiert diese Frau mit ihrem Habitus, ihrem Ausdruck und ihrer Psychomotorik einfach nur. Warum? Weil ich überhaupt nicht so bin. Ich bin vorsichtig, ängstlich, zurückhaltend! Ich bin nicht forsch, mutig und zielstrebig, sondern zurückhaltend, vorsichtig, schüchtern und höflich. Ich erkläre anderen nicht die Welt, sondern höre zu. Ich habe es nie richtig gelernt, eloquent und selbstbewusst aufzutreten und mich verbal in Gruppen unbefangen und umfangreich und detailliert zu äußern. Und das alles fiel mir bei der genannten Gelegenheit wieder ein.

Denn ich komme aus einer Arbeiterfamilie, in der sehr wenig gesprochen wurde. Im Gegensatz zu unserer Hospitantin. Mir wurde nicht von Anfang an das selbstbewusste Sprechen beigebracht – und ich konnte deshalb nie so frei und forsch auftreten wie jemand aus einer bildungsbürgerlichen Familie. Meine persönliche Geschichte mit den vielen Misserfolgen fiel mir beim eloquenten Auftreten unserer Hospitantin wieder ein – Erinnerungen kamen hoch und deprimierten mich.

Blieb uns nicht oft, uns selbst nicht so wichtig zu nehmen und den Kindern des Bildungsbürgertums in vielen Situationen den Vortritt zu lassen? Denn wir hatten nicht die gleichen Mittel wie sie, wir hatten nicht die Sicherheit wie sie. Sich selbst nicht so wichtig nehmen als Überlebensstrategie.

Ein kluger Mann schrieb einmal: Das Charakteristikum des Aufwachsens in besseren Kreisen ist die Freiheit von Angst. Zuversicht und Vertrauen, dass sich schon alles finden wird. Das mag übertrieben klingen, aber manche Sorgen, die für andere eine tägliche Erfahrung sind, lernt man einfach nicht kennen – wenn man aus einer gutsituierten Familie kommt.

Angst vor der Zukunft; Angst, die Post zu öffnen, bei unbekannten Nummern ans Telefon zu gehen, Angst vor dem Morgen und dem, was sein wird, wenn man einmal alt ist. Wird man zu den Rentnern gehören, die Flaschen sammeln? Diese Ängste können durchaus begründet sein.

Das Vertrauen, dass sich schon alles finden wird, ein Grundvertrauen, was man durch seine Familie bekommt – oder eben nicht. Wenn man mit dem Grundvertrauen an das Leben herangeht, dass alles gut wird, dann tut es das auch meistens. Und wenn mal nicht, ist die Familie da, die weiterhilft. Ist das Grundvertrauen bei uns, dass eventuell „alles gut wird", nicht so ausgeprägt wie in gutsituierten Familien? Oder sehe ich da zu schwarz bei uns? Hoffentlich. Ja, ganz bestimmt. Oder?

Wir müssen die Besten in die Parlamente wählen!

An diese Aussage einer meiner linken Genossinnen erinnere ich mich des Öfteren.

Die Besten! Für uns in den Parlamenten.

Nur – wer sind sie, die Besten?

Ich vermute, meine Genossin dachte bei den Besten an geschliffene Redner, blendende Rhetoriker, souveräne und überzeugende Menschen, die in jeder Talkshow, bei jedem Interview die richtigen Worte finden, sich überzeugend und klar ausdrücken. Die in Parlamentsdebatten natürlich sowieso überzeugend und glänzend „linke" Politik vertreten.

Tja, und wer kommt da in Frage? Selbstverständlich die Kinder des Bildungsbürgertums, die selbstbewusstes Reden und Diskutieren bereits in ihren Familien mit der Muttermilch aufgenommen haben und selbstverständlich nach dem Abitur auf einem Gymnasium ein Studium begonnen oder absolviert haben. Also der Nachwuchs von Rechtsanwälten, Ärzten, Lehrern, Architekten, hohen Beamten, Konzernvorständen. Wenn es um souveränes öffentliches Auftreten und geschliffene Reden geht, kämen doch sogar die Sprösslinge des deutschen Adels in Frage! Denn die sind es ja seit Jahrhunderten gewohnt zu ihren Untertanen zu reden. Soweit gingen die Gedanken meiner Genossin zwar nicht, und ihr war vermutlich die Folgen der Umsetzung ihrer Vorstellung, „die Besten" zu wählen, nicht klar. Oder vielleicht doch?

Sie war nicht die Einzige, die die Besten auf Wahllisten wählen wollte. Das war Übereinstimmung in der Partei und ist es wohl heute noch.

Und so wurden linke Menschen auf Partei-Wahlabenden aufgefordert, sich vorzustellen, sich zu präsentieren – also primär, ihre Rede- und Präsentationskunst, ihre Sprachfertigkeit, ihr Selbstbewusstsein dem anwesenden Parteivolk vorzustellen. Danach wurden dann Listenplätze ausgewählt.

Und wer waren und sind „die Besten"? In 99% der Fälle die Kinder des deutschen Bildungsbürgertums. Arbeiter und ihr Nachwuchs konnten da nicht mithalten. Die gehörten eben nicht dazu – zu den Besten. Und so wurden viele engagierte Mitglieder aus der

Gründungszeit der Partei Die Linke aus Funktionen und Mandaten herausgedrängt – von den mittelständischen Kindern des Bildungsbürgertums, von „den Besten". Es gab niemals eine soziale Quote. Warum sollten sich „die Besten" auch für eine solche Quote einsetzen? Und so sitzen eben keine LKW-Fahrer, keine Köche, keine Frisöre, keine Kassiererinnen, keine Arbeiter, etc., in den Parlamenten. Sondern nur „die Besten" – akademisch gebildete Bildungsbürger und deren Nachwuchs.

Das hatte und hat zur Folge, dass die Funktionäre und Mandatsträger der Partei Die Linke die Probleme der arbeitenden Bevölkerung nicht aus eigener Erfahrung kennen, dass sie eine andere Sprache sprechen als diese, dass sie andere soziale Codes präsentieren und die Menschen der arbeitenden Bevölkerung sich nicht mit ihnen identifizieren können. Dass sie ein anderes gesellschaftliches Bewusstsein als die arbeitende Bevölkerung präsentieren.

Und das hat zur Folge, dass die Funktionäre und Mandatsträger der Partei Die Linke große Ähnlichkeiten mit den Funktionären und Mandatsträgern der anderen Parteien haben, denn die kommen ebenso aus dem Mittelstand, dem Bildungsbürgertum, präsentieren die gleiche Sprache, die gleichen sozialen Codes, die gleiche Mentalität, den gleichen Habitus.

Das eine Partei, die sich selbst auch noch „sozialistisch" nennt, so Erfolg haben kann, glaubt das irgendjemand? Ich nicht, aber die ausgewählten „Besten" werden es wohl glauben. Zumindest tun sie so. Ihr Handeln ist für sie selbstverständlich und für sie völlig natürlich. Wobei der „Erfolg" der Partei zufällig mit dem persönlichen Erringen von bezahlten Funktionen und Mandaten für die „Besten" identisch ist.

„Das gesellschaftliche Sein bestimmt das Bewusstsein", sagte Marx. Gilt das eigentlich auch für Linke? Also für die „Besten", den linken Bildungsbürgern in gutbezahlten Parlament- und Parteifunktionen?

Interview I

A., ehemalige kommunale Angestellte, jetzt Rentnerin

BG. Sag mal A., bist Du noch in der Linken aktiv?

A. Nein. Schon lange nicht mehr. Ich kann jetzt nichts mehr machen, wegen meiner schlechten Gesundheit. Aber auch vorher habe ich schon aufgehört.

BG. Du warst ja mal sehr engagiert bei uns, wie ich mich noch erinnere.

A. Ja, ich wollte unbedingt etwas ändern, wollte kämpfen für etwas Besseres, mich für eine bessere Welt einsetzen. Aber meine Leistung für die Linke wurde von den Genossen leider nicht anerkannt, das ist meine Erfahrung. Deshalb habe ich mich aus allen Aktivitäten zurückgezogen, aus Frust. Ja, wenn Leistung nicht lohnt ist das nur Frust.

BG. Du hast viel getan, ja.

A. Ja, ich war richtig aktiv, habe mich eingesetzt. Ich wurde aber stark enttäuscht, mein Einsatz wurde ja nicht anerkannt. Stattdessen wurden mir von meinen eigenen Genossen Knüppel zwischen die Beine geworfen. Immer gegen mich.

BG. Du hast wirklich gekämpft, ich erinnere mich, dass Du in unserem Wohngebiet einmal im Wahlkampf jede Wohnung mit einem Flyer versorgt hast.

A. Damals war ich noch so blöd, dass ich dachte, meine Partei würde mich im Wahlkampf unterstützen, das war aber nicht. Die haben mich laufen lassen und selbst nichts gemacht, nur geredet. Und als ich dann noch bei Bundestagswahl kandidieren wollte, haben meine eigenen Genossen aus meinem Ortsverein eine andere Kandidatin unterstützt.

BG. Das war bitter für dich.

A. Das war eine Schweinerei. Die haben lieber ihre alte DKP-Genossin gewählt anstatt mich aus ihrem Ortsverein. Und im Ortsverein haben sie ständig gegen mich gestänkert, wenn ich A gesagt habe, haben sie gesagt nein B ist richtig.

BG. Aber das haben doch nicht alle gemacht, so gegen dich gearbeitet.

A. Nein, alle nicht, nur wenige Bestimmte. Das waren die Oberschlauen. Aber die anderen haben nichts gesagt, haben mich nicht verteidigt.

BG. Was meinst Du heute so im Nachhinein, warum waren die so gegen Dich?

A. Was weiß ich… Vielleicht war ich denen nicht gut genug, oder die wollten alles selbst bestimmen. Ist mir auch egal jetzt, ich habe die Schnauze voll von dieser Partei und diesem ganzen Mobbing.

PS 1

Ich kenne die Beteiligten. Sie selbst hat keine akademische Bildung, war Angestellte bei der Stadt und lebt mit ihrem Mann in einer Mietwohnung in einem Sozialwohnungs-Gebiet.

Ihre „Gegner" haben eine akademische Bildung und leben in eigenen Häusern im grünen Vorort.

Meine Vermutung, dass die Feindschaft auch etwas mit der Gesellschaftsschicht der Beteiligten zu tun haben könnte, habe ich ihr aber nicht mitgeteilt. Warum auch? Mir selbst war es damals auch nicht bewusst, wie ich zugeben muss. Aber es war so: Die einen aus der bildungsbürgerlichen Mittelschicht mit Führungs- und Geltungsanspruch, meine (ehemalige) Genossin eine einfache Angestellte ohne akademische Bildung. Das war die Trennlinie. Und dieser hier erwähnte Fall ist nicht der Einzige, der mir bekannt wurde. Die akademisch-gebildeten Genossen konnten nicht-akademisch Gebildete in Führungspositionen nicht akzeptieren.

PS 2 In einem anderen, ähnlichen Fall hieß es: „Die muss weg!" „Warum?" „Die passt nicht zu uns. Und hör mal wie die redet… Die kannst Du doch nicht öffentlich auftreten lassen." Ja, sie, die Betroffene, konnte nicht so geschliffen reden und souverän auf- treten wie es dem Idealbild der akademisch Gebildeten entsprach. Dass sie mit ihrer persönlichen engagierten Art vielleicht doch Erfolge erzielen könnte, weil sie gerade arbeitende Menschen ohne akademische Bildung gut ansprechen konnte, interessierte nicht. Die Bildungsbürger hatten einfach Angst davor, nicht selbst die Fäden und die guten Positionen in der Hand zu haben. Und selbstverständlich wollten sie nicht von jemand präsentiert werden, der unter ihrem eigenen sozialen, rhetorischen und intellektuellen Niveau agierte. Und die größte Angst hatten sie vor abwertenden Bemerkungen aus ihrer bildungsbürgerlichen, mittelständischen Nachbarschaft. „Meinst Du, ich will mir von meinen Nachbarn sagen lassen: Mensch, wen habt ihr denn da aufgestellt! Habt ihr keine anderen?" So wörtlich ein lieber Genosse zu mir. Die linken Bildungsbürger wollten sich vor ihresgleichen nicht blamieren, das schien mir damals der Hauptgrund für ihr Mobbing zu sein.

Ja, die bürgerlichen „Linken" - wieviel engagierte Arbeiter und Angestellte haben die schon versucht unten zu halten? Vermutlich rein instinktiv, denn ihr Führungsanspruch und ihr Geltungs-bedürfnis scheint nach Jahrhunderten der Existenz des „gehobenen Standes" genetisch einprogrammiert zu sein.

Was ist „links" für bürgerliche gutsituierte „Linke"?

In einem Leserbrief an die „taz" (die Zeitung des links-grün angehauchten wohlsituierten Bildungsbürgertums) bringt es ein Leser auf den Punkt:

„Links zu sein ist für mich die Überzeugung, dass alle Menschen gleiche Rechte haben sollten, unabhängig von Nation, Hautfarbe, Religion, Geschlecht, sexueller Orientierung; dass wir gleiches Recht haben auf Zugang zu den Ressourcen dieser Erde; das es gilt, jede Herrschaft von Menschen über andere Menschen zu überwinden."

Besser kann man es kaum ausdrücken. So sieht es das privilegierte gebildete wohlsituierte Bürgertum – und wählt Grüne oder CDU. Also genau die, die fleißig daran arbeiten, den Anteil der arbeitenden Bevölkerung am Volkseinkommen immer weiter zu reduzieren. Der gute Mann spricht nicht von Einkommen, von Lohn im hier und jetzt, und schon gar nicht von seinem Einkommen. Soziale Probleme, die mit der Schicht- oder Klassenzugehörigkeit zusammenhängen, kennen diese „Linken" nicht mehr. Die traditionelle Ausrichtung linker Politik auf die Emanzipation der Lohnabhängigen, auf die Verbesserung der Lage der Arbeiterklasse als der übergroßen Mehrheit der Bevölkerung ist verloren gegangen. Jedenfalls bei den wohlsituierten Bildungsbürgern, die sich selbst immer noch als „links" betrachten und die führende Funktionärs- und Parlamentarierebene in den angeblich „linken" Parteien bilden. Stattdessen gibt es nur noch Diskriminierung aufgrund persönlicher Merkmale (wie Hautfarbe oder sexuelle Orientierung), und dazu passt selbstverständlich, dass die die unten sind und kein diskriminierendes Merkmal haben, also die weißen Männer und Frauen der unteren Hälfte, in den Augen dieser „Linken" selbst schuld sind. Da werden die Probleme in Ländern der Dritten Welt dann eben wichtiger als die Probleme in den eigenen Städten. Sollte man nicht eigentlich von „Linken" hier und heute erwarten, dass sie die Härte der aktuellen Ausbeutung angreifen und mit gezielten Aktionen anprangern? Da können wir lange warten…

So ist bei den gutbürgerlichen Linken wieder die Einstellung „Jeder ist seines Glückes Schmied" zurückgekehrt, wer hier also unten ist, der ist eben nicht gebildet und tüchtig genug und selbst verantwortlich. Und damit wären wir wieder beim alten deutschen Bildungsbürgertum im Kaiserreich – das hat sich ehemals ähnlich von den Arbeitern abgegrenzt.

Und wenn „linke" Politik heute so aussieht – warum sollten solche „Linken" dann von den Arbeitern gewählt werden? Da wären die ja schön blöd. Es reicht völlig, wenn diese „Linken" von den privilegierten Bürgern ihrer eigenen Schicht gewählt werden.

Für Arbeiter und ärmere Menschen bestand „links" einmal darin, das abzulehnen, worunter man im Alltag litt. Z. B. zu wenig Lohn, belastende Arbeitsbedingungen, keine Möglichkeiten der eigenen Einflussnahme, keine Entwicklungsmöglichkeiten für die eigenen Kinder. Und man wählte die, von denen man konkrete Unterstützung bei der Bewältigung der Probleme des eigenen Alltags erhoffte. Von denen man etwas erwartete, und die Gewählten kannten auch diese Erwartungen. An wen sollen sich heute die Niedriglöhner und Ungeschützten wenden? An die sich „links" nennenden Bildungsbürger, die Lehrer und Soziologen und Politologen in den Parlamenten, die die Welt der Niedriglöhner und Schutzlosen gar nicht kennen und die Probleme der ganzen Welt lösen wollen und mit ihrer Politik der „Offene Grenzen für Jedermann" das Leben der Niedriglöhner und Schutzlosen noch schwerer machen?

Willy Brandt im Jahr 1973 zum Anwerbestopp für Gastarbeiter (wegen einer Wirtschaftskrise im Land, d. Verf.): "...wir müssen in einer solchen Situation natürlich zuerst an unsere eigenen Landsleute denken..." Für diese Aussage würde Willy Brandt heute von den "Linken" als Rechtsextremist verdammt werden. "Die eigenen Landsleute..."-das ist für die "Linken" heute Nazi-Sprech! Willy Brandt müsste heute befürchten, dass Antifas sein Auto anzünden oder sein Haus beschädigen oder Schlimmeres.

Unsere schöne Elbphilharmonie...,

...das bekannte Projekt in Hamburg, das im Laufe der Planung und des Baues immer teurer wurde und die Stadt sehr viel Geld kostete. Das die Stadt nicht hatte. In den Stadtteilen wurde gespart, an Jugendeinrichtungen, Bücherhallen und sozialem Wohnungsbau – trotzdem wurde das Prestige-Objekt Elbphilharmonie durchgezogen.

Die Linke in Hamburg hat dieses Projekt immer kritisiert, abgelehnt und auf die nicht vorhandene Notwendigkeit für die Stadt hingewiesen. Die Linke, und dazu gehörte auch meine Wenigkeit, hat dieses Projekt immer in Frage gestellt und angeprangert. So dachte ich jedenfalls damals...

Immer abgelehnt, ja ja,..., bis zur Einweihung. Danach strömten die linken Liebhaber der Hochkultur in das Bauwerk - um sich dem Kunstgenuss lobend hinzugeben und dieses so tolle Bauwerk zu loben.

Zitat: „...dazu gehört das offensive Verschwenden von Steuergeldern, wenn das Ergebnis dann stimmt, zu dem was man dann auch mal zähneknirschend akzeptieren muss. Mit der Elbphilharmonie hat unsere (!) Stadt jetzt einen richtig schicken Leuchtturm bekommen, der sich mit Sicherheit auf Hamburg auswirken wird." Soweit einer meiner „linken" Bürgerschaftsabgeordneten. Und er nahm dann auch noch an der Einweihung teil, was sogar dem Stadtfernsehen auffiel und in einer Sendung mit unserem Abgeordneten vom Moderator angesprochen wurde: „...Lieber Herr xy, bei der vielen Maulerei durch Ihre Fraktion und Partei an diesem Projekt, bin ich doch sehr verwundert, dass Sie gestern Abend den Weg in das neue Hamburger Konzerthaus gefunden haben. Konsequenterweise hätten sie alle dem teuren Spektakel fernbleiben müssen." Ja, mehr als „Maulerei" war es nicht, Widerstand sieht anders aus.

Ja, und da wollten auch die Liebhaber der Hochkultur aus den Bezirken nicht zurückstehen, wie mein lieber Genosse xyz: „Als musikbegeisterter Mensch und regelmäßiger Konzertgänger bin ich natürlich begeistert und überwältigt von dem Saal. Und ich finde das darf man auch sein. Es ist wahrlich ein Meisterwerk...

Nun muss man politisch darauf achten, dass die gesamte Kultur in HH davon profitiert und dass die Karten auch in Zukunft für erschwingliche Preise zu kaufen sind. Jeder soll die Chance haben, diesen sensationellen Konzertsaal zu besuchen. Und ich kann es nur jedem empfehlen."

Wie glaubwürdig ist da im Nachhinein der Widerstand der Linken gegen dieses Projekt?

Und erklärt nicht die Haltung der „linken" Bildungsbürger nach der Fertigstellung den halbherzigen Widerstand der Linken gegen dieses Projekt? Der Moderator des Hamburger Stadtfernsehens hatte wohl nicht ganz unrecht, als er die „linke" Aktivität gegen die Elbphilharmonie als „Maulerei" einstufte. Die Creme der Linken in Hamburg hatte nichts gegen das Projekt – sie mussten aus durchsichtigen Gründen nur so tun als ob. Die Menschen in der Partei aus der arbeitenden Bevölkerung, die nicht auf die „Hochkultur" geprägt und fixiert sind, wurden nur benutzt und betrogen.

Fazit: Wenn also in Zukunft in eurer Stadt ein Tempel der Hochkultur geplant ist, fragt eure lieben Genossen, ob sie auch sehr gern klassische Musik genießen. Dann wisst ihr, wie sie wirklich zum neuen Tempel stehen. Nun könnte man ohne weiteres auf die Idee kommen, dass der Staat nicht nur die klassische Musik fördert, sondern ebenso die populäre Musik. Z. B. Metallica-Konzerte. Da sind unsere linken Bildungsbürger aber nicht mit dabei. Die meinen zu wissen, was wirklich wertvolle „hohe" Kultur ist: Das was sie selber hören, was ihnen ihre Eltern bereits beigebracht haben.

Da fällt mir noch das Gesicht ein, das mein lieber Genosse Y zog, als ich ihm von meinem Besuch eines Metallica-Konzertes erzählte…Ich spürte und sah an seiner Mimik, wie es in ihm arbeitete…Er, der Liebhaber der Hochkultur, also der klassischen Musik, wusste nicht, wie er darauf reagieren sollte. Was er sagen sollte. Mir gegenüber verkniff er sich eine Wertung zu Metallica, ich wusste aber, was er, der typische wohlsituierte Bildungsbürger und Liebhaber der Klassik, davon hielt. War amüsant.

Wir können die Selbstzufriedenheit des kultivierten Bürgertums inklusive der „linken" Bildungsbürger also nicht nur weiter in Ausstellungen, Konzerten, Opern und Theaterstücken bundesweit beobachten, sondern auch hier in Hamburg vor Ort in unserer schönen Elbphilharmonie. „Das Überlegenheitsgefühl, das aus ihrem diskreten Lächeln spricht, ebenso wie aus ihrer Körperhaltung, ihrem kennerhaften Jargon, zusammen mit ihrem zur Schau gestelltem Wohlgefühl ist immer das gleiche. So kommt ihre soziale Freude zum Ausdruck, den kulturellen Konventionen ihrer Schicht, des guten Bürgertums zu entsprechen und zum privilegierten Kreis der Menschen zu gehören, die sich darin gefallen, dass sie mit „Hochkultur" etwas anfangen können." (Soweit mal wieder ein Zitat von Didier Eribon) Und dieses Gehabe gehört auch zur kulturell-sozialen Prägung der bürgerlichen Linken. Zu denen die sich „links" nennen. Abgrenzung nach unten geht auch über „Kultur", da hat sich seit dem deutschen Kaiserreich wenig geändert. Vielleicht schon seit dem Mittelalter nicht.

Interviewfrage an Gregor Gysi

Aus einem Interview 2017 oder 2018: „Was lieben Sie an der Politik, was trieb und treibt Sie an?"
„Dass ich etwas erreichen will – auch wenn ich es nicht mit einer Rede im Bundestag schaffe. Sehen Sie, zunächst habe ich mich entschlossen, die Interessen der Ostdeutschen zu vertreten, die kein anderer vertreten wollte.
Doch diese Millionen Menschen, die Partei- und Staatsfunktionäre, die mussten auch einen Weg in die Deutsche Einheit finden. Heute danken mir das sogar bestimmte CDU-Abgeordnete. Oder nehmen Sie die ostdeutschen Eliten, die nicht vereint wurden. Deren Interessen haben wir auch vertreten."
Und was hat das mit linker Politik zu tun? Mit einer Interessenvertretung für die arbeitende, lohnabhängige Bevölkerung? Ich denke: Nichts! Das prominente Linke wie Genosse Gysi die Integration des sozialistischen Mittelstands der DDR in die vergrößerte Bundesrepublik als „linke" Politik betrachteten, hätten sie ja den Mitgliedern ihrer Partei beizeiten sagen können. Haben sie aber nicht. Merkwürdig, dass jemand an führender Stelle in der Partei jahrelang, eigentlich jahrzehntelang, so einen wichtigen Aspekt verschwiegen hat. Ihm ging es also um Trost (über den Verlust der privilegierten Stellung in der DDR), Besänftigung (der alten enttäuschten SED-Genossen) und Integration seiner ehemaligen privilegierten SED-Partei-Genossen und Staatsfunktionäre in die neue gesamtdeutsche Republik. Dazu hat er die Partei Die Linke benutzt – ohne seinen Parteimitgliedern etwas davon zu sagen. Und dafür hat er sogar Anerkennung von der CDU bekommen, wie er im Interview stolz erwähnt. Was mag er noch alles verschwiegen haben?
Und was sagen die Mitglieder in Westdeutschland dazu? Wahrscheinlich wissen sie nichts davon, die lieben Schäfchen. Oder wollen es nicht wissen.
Gysi, inzwischen ein alter Mann, frönt bis heute öffentlich seiner Eitelkeit, lässt sich in Talkshows und Interviews gern für seine angeblichen rhetorischen Fähigkeiten feiern und träumt weiter von großartigen weltbewegenden Reden seinerseits im Bundestag. Ein älteres bürgerliches Publikum kann er auch durchaus beeindrucken…Und das scheint auch sein Ziel zu sein.

Interview II

Mit B, ehemaliger freigestellter Betriebsrat, jetzt Rentner.

BG.   Sag mal B., gehst Du noch zu den Mitgliederversammlungen?

B. Nein, ich wollte eigentlich zur letzten Bezirksversammlung gehen, bin dann aber doch zuhause geblieben.

BG. Du warst ja mal sehr engagiert in der Partei an Deinem früheren Wohnort, hast Du mal erzählt.

B. Ja, ich habe dort wirklich gekämpft, das vor allen Dingen aber als Betriebsrat. Da hatte ich viel auszuhalten, habe viel durchgemacht, mit Kündigungen und Firmenkrisen. Dabei waren einige Leute aus meinem dortigen Ortsverein für mich ein wichtiger Rückhalt, eine Stütze. Aber es gab darüber hinaus in der Partei auch schon viel Ärger, der mich dazu brachte, mich zurückzuziehen. Hier bin ich dann vom Regen in die Traufe gekommen, habe in der Partei nicht Fuß fassen können, ich bin ja gleich am Anfang zwischen die Fronten geraten, wobei ich gar nicht verstanden habe, worum es eigentlich ging.

BG. Es ging ja auch nicht um Sachfragen, sondern ausschließlich um persönliche Geschichten, Konkurrenzdenken und auch um etwas Geld. Es gibt ja auch hier im Bezirk schon etwas zu verdienen, wenn die Gelder hier auch noch bescheiden sind.

B. Das habe ich mir später auch gedacht. Ich konnte mit dem Streit nichts anfangen und fühlte mich abgeschreckt und auch überflüssig. Ich wollte mich beteiligen bei der politischen Arbeit, aber über politische Arbeit wurde ja gar nicht diskutiert. Ich hab' mich ganz zurückgezogen, ich bin auch müde von den letzten Jahren im Beruf, meine Arbeit als Betriebsrat war in den letzten Jahren schon sehr hart – ich konnte sie aber nicht hinschmeißen, musste durchhalten, weil ich Verantwortung hatte und gewählt worden war. Und hier noch mal voll einzusteigen und die endlosen Streitereien durchzuhalten war nicht mehr mein Ding. Dazu fehlt mir die Energie. Und dann die Sache mit unserer Spitzenkandidatin bei der Bürgerschaftswahl. Das hat mir den Rest gegeben. Erst macht die Partei sie zur Spitzenkandidatin und nach der Wahl sägt man sie ab. Das fand ich damals unglaublich. Selbst meine Frau, die uns gewählt hat, sagte nach der Wahl: Euch wähle ich nie wieder. Gehst Du denn noch zu den Versammlungen?

BG. Nein, ich mache nichts mehr. Bin nur noch als Karteileiche dabei. Eigentlich nur um noch Informationen zu bekommen.

B. Hast Du keine Lust mehr oder was ist der Grund für Dich?

BG. Ich habe zu große politische Differenzen zur Partei entwickelt. Hauptsächlich wegen der Migrationspolitik. Das fing hier im Bezirk 2015 mit der Flüchtlingswelle an und ging dann weiter mit der gesamten Politik der Partei. Mit „Offenen Grenzen" und „Bleiberecht für Alle" und der grundsätzlichen Ablehnung jeder Abschiebung kann ich nichts anfangen. Und hier im Bezirk hat die Partei damals die Oppositionsrolle verlassen und den Senat unterstützt. Alles wurde abgenickt – als im Landschaftsschutzgebiet gebaut werden sollte, was wir bis 2015 immer abgelehnt hatten, waren meine Parteigenossen auf einmal dafür. War ja für Flüchtlinge. Und wer es trotzdem in der Partei kritisierte, wurde beiseitegeschoben und totgeredet. Und Leute von außerhalb, die das Landschaftsschutzgebiet erhalten wollten, wurden von unserer Partei in die rechte Ecke gestellt. Und wir hatten hier im Bezirk schon vor 2015 gut laufende Unterkünfte, das waren Containerdörfer. Diese Containerdörfer wurden gut betreut, sie funktionierten, das wurde auch von uns bis 2015 so gesehen, und sie wurden von uns unterstützt. Auf einmal hieß es bei uns in der Partei, Containerdörfer sind nicht zumutbar. Mir reichte es irgendwann.

B. Es gibt ja auch noch die Wagenknecht-Position.

BG. Ich weiß. Kennst Du die neue Sammlungsbewegung?

B. Ja, ich hab' davon gehört. Ich mach' da aber nicht mit. Ich bin einfach zu müde.

BG. Hast Du denn noch Kontakt zu einzelnen Genossen aus der Partei?

B. Zuerst ja, da riefen einige ab und zu mal an, jetzt gar nicht mehr. Einige fanden wohl, als ich neu war, einen ehemaligen Betriebsrat interessant. Aber hier ging es nach meinem Eindruck immer nur um Posten und Strippenziehen, so gut wie nie um Sachprobleme. Wobei Kommunalpolitik mich auch nicht weiter interessiert, und als Zugezogener war ich da sowieso außen vor. Aber worum ging es denn bei den Streitereien aus deiner Sicht?

BG. Es ging meiner Meinung nach darum, dass eine interne Gruppe von wenigen Genossen, die sich auch privat außerhalb der Partei regelmäßig traf, bestimmen wollte, wer welchen Posten und welche Funktion bekommen sollte. Wer nicht zu dieser Gruppe gehörte und trotzdem mitmischen wollte, wurde gemobbt und außen vor gelassen. Es ging da nie um unsere Politik, eigentlich nur um persönlichen Einfluss und persönliche Vorteile. Und es ging bei einigen auch um Geld und ihre Karriere.

B. So ähnlich interpretierte ich das später. Schade. Ich werde mich sicher nicht mehr engagieren für diese Partei. Ich war ja von Anfang an dabei, erst bei der WASG und dann bei der Linken. In meiner alten Heimat war es ähnlich, es ging immer darum bestimmte Leute zu verhindern und eigene Leute einzuspielen. Die Linke ist eben auch nur eine Partei wie alle anderen. Und eine Partei ist wie eine Firma. Wenn man den Führenden nicht in den Hintern kriecht, fliegt man in einer Firma irgendwann raus. In einer Partei ist es ähnlich. Wenn man bereit ist zu dienen, kann man in einer Partei auch etwas werden. Wie in einer Firma. Man kann an die Fleischtöpfe kommen, aber dazu muss man mitmachen, mit den führenden Leuten heulen. Falls ich mich nochmal einmische, dann nicht mehr in einer Partei. Ich hab' genug davon.

PS Das die genannte „interne Gruppe", ein fester Kreis, der sich regelmäßig außerhalb der Partei in einem privaten Rahmen traf und versuchte die Partei im Bezirk zu steuern, überwiegend aus akademisch gebildeten gutsituierten Einfamilienhausbesitzern mit langjähriger Erfahrung in anderen Parteien (SPD, Grüne, DKP) bestand (oder besteht, vielleicht treffen die sich ja immer noch), ist sicher Zufall. Oder vielleicht doch nicht? Jedenfalls wollten die, dass die Partei Die Linke aus ihrer Sicht funktioniert, dass alles klappt und gut läuft. Alles, was nicht ihrer Sicht entsprach, sowohl politisch als auch personell, wurde bekämpft und gemobbt. Natürlich für einen „guten" Zweck.

Dem Volk muss von den Eliten besonders in schwierigen Zeiten ein Objekt für Angst und Hass geboten werden

Also jemand, von dem große Gefahr droht, der Böses im Schilde führt. Früher nannte man das gewählte Objekt einen „Sündenbock". Es musste und muss dabei völlig klar sein, wer der große Böse ist, auf wen sich der Hass der Öffentlichkeit zu richten hat. So konnten und können die Eliten verhindern, dass sich Hass und Ängste der Bevölkerung gegen sie, die wirklichen Mächtigen, richten.

Aktuell scheint die immer größer werdende soziale Spaltung der Gesellschaft das größte Problem zu sein. Immer mehr Menschen müssen für Niedriglöhne in unsicheren Arbeitsverhältnissen arbeiten, als Leiharbeiter, über Werkverträge, bei Subunternehmen. Das Rentenniveau wurde soweit heruntergefahren, dass immer mehr Rentner als arm gelten. Vielleicht sieht man neuerdings deshalb Rentner öffentlich Pfandflaschen sammeln. Empfänger von staatlichen Leistungen kommen mit ihrem HartzIV–Geld kaum über die Runden, suchen Lebensmittelverteilstellen (Tafeln) auf und kleiden sich aus Kleiderkammern. Kurz: Der Anteil der arbeitenden Bevölkerung am Volkseinkommen schrumpft, der Anteil der Kapitaleigner am Ertrag der wirtschaftlichen Tätigkeit ging und geht nach oben.

Allerdings wird die soziale Spaltung, von der die Eliten und Mächtigen direkt profitieren, von den gutbetuchten Bürgern des Mittelstands nicht als primäres Problem gesehen. Der noch vorhandene Mittelstand mit halbwegs normalen Einkommen stellt lieber den "Kampf gegen rechts" und für „Toleranz" und Weltoffenheit" in den Mittelpunkt seiner Aktivitäten und macht sich dabei mit den Verursachern des eigentlichen Problems, der sozialen Spaltung, gemein. Dem "Volk" muss die Elite immer wieder einen Feind bieten: Und genau das ist der Elite wieder einmal perfekt gelungen - mit der Kreation der bösen Rechten als Hauptfeind. Und so kämpfen die gutsituierten Bürger lieber gegen die "Rechten" als darum, die Lage der Armen zu verbessern. Eigentlich bewundernswert, wie die Eliten und Mächtigen das mal wieder hinbekommen haben. Die Linken sind selbstverständlich auch wieder dabei. Nicht die Verursacher und Profiteure der sozialen Spaltung werden angegriffen, sondern zusammen mit den Verursachern und Profiteuren bzw. den politischen Vertretern der Elite kämpft man gegen den Teil der Bevölkerung, der sich in der sozialen Krise nach rechts orientiert. Nach rechts orientieren heißt primär, dass der erwähnte Teil der Bevölkerung in der sozialen Krise unbegrenzte Einwanderung ablehnt. Während die „linken" Wohlstandsbürger aus Solidarität mit den Armen der Welt für unbegrenzte Einwanderung eintreten.

Das bei diesem „Kampf" gegen „rechts" absolut nichts für die Opfer der sozialen Spaltung herauskommt, ist sonnenklar.

Wir reden irre...

Schlimm für die linken Hochwohlgeborenen, die ja ein Geburtsrecht auf führende Positionen und ein gutes Leben haben, wenn ihre Untertanen die ihnen zugedachte Rolle verlassen und das Spiel nicht mehr mitmachen:

Dann „spinnen die", „versteht man es nicht", weil „die irre reden", „sicher rechts sind", „keine Ahnung haben", „das ist nicht links", und verzieht das Gesicht wie nach dem Genuss einer verdorbenen Speise.

Es machte schon Spaß, die Gesichtsausdrücke der Bildungsbürger auf Parteiversammlungen und Veranstaltungen zu beobachten, wenn ich nicht im Sinne der Wolkenkuckucksheimer und ihrer Parteilinie redete. Aber es war manchmal nicht nur die Parteilinie relevant, sondern auch der Ton. Der Tonfall, die Wortwahl und den Umgangston, den die linken Bildungsbürger aus ihren Familien und ihrem Umfeld gewohnt sind, wollen sie selbstverständlich auch in ihrer politischen Arbeit weiterpflegen. Ihre Art und Weise sich auszudrücken, hat für sie auch noch den Vorteil, dass sie sich gegenseitig erkennen und die Verbundenheit mit ihresgleichen instinktiv herstellen können. Das jemand aus der Arbeiterklasse, der eine andere Prägung und einen anderen Sprach-Habitus mitbringt, bestenfalls belächelt wird, aber niemals Unterstützung der linken Bildungsbürger erfahren wird, liegt auf der Hand. Denn er gehört nicht zu ihnen.

"„Mein Volk, dem ich angehöre und das ich liebe, ist das deutsche Volk; und meine Nation, die ich mit großem Stolz verehre, ist die deutsche Nation......." Ein Zitat von Ernst Thälmann, dem ehemaligen Vorsitzenden (von 1925 – 1933) der KPD. Dafür würde er heute von den linken Bildungsbürgern als Nazi und rechtsextrem diffamiert.

In einer Diskussion verkündete ein „linker" Bundestagsabgeordneter ein Zitat von Che Guevara: „Solidarität ist die Zärtlichkeit der Völker." Es ging dabei um unbegrenzte Einwanderung, die seiner Meinung nach ja der im Che-Zitat genannten Solidarität der Völker entsprach. Als ich ihn darauf aufmerksam machte, dass Die Linke das Wort „Volk" doch gar nicht mehr in den Mund nimmt und sogar Menschen, die dieses Wort erwähnen, sofort als „rechts" einordnet – nur betretenes Schweigen. Wie lächerlich, wenn Bundestagsabgeordnete, die mit 10000 Euro pro Monat und diversen Privilegien bezahlt werden, der arbeitenden Bevölkerung, zu der sie selbst gar nicht gehören, mit „Unbegrenzte Einwanderung ist heute Solidarität der Völker" kommen. Und das global agierende Kapital mit „no nation" und „no borders" unterstützen. Die "Linken", die selbst nicht zur arbeitenden Bevölkerung, nicht zur Arbeiterklasse, sondern zum gutsituierten Mittelstand gehören, machen "linke" Politik für das eigene ideologische und emotionale Wohlbefinden. Deshalb "no nation" und "no borders", weil sie sich damit so richtig gut und hervorragend fühlen. Die Folgen ihrer Wolkenkuckucksheim-Politik müssen sie ja zunächst nicht ausbaden.

Nochmal zur Erinnerung der alte Marx: „Das gesellschaftliche Sein bestimmt das Bewusstsein" – auch bei bildungsbürgerlichen Linken.

Ja, und dann heißt es von den linken Bildungsbürgern: „Die Arbeiterbewegung war schon immer international. Deswegen heißt das alte Lied auch „Die Internationale". Und deshalb ist die „no nation"- und „no borders"- Politik auch links."

Dass die bildungsbürgerliche Linke heute sich als „Arbeiterbewegung" sieht, finde ich nun ziemlich irre. Eine Arbeiterbewegung ohne Arbeiter. Die internationale Verbundenheit und die internationale Unterstützung der Arbeiterbewegungen beim Kampf gegen den gemeinsamen Feind bestand nie darin, Massen-Migration nach Europa oder anderswo zu fordern. Diese Interpretation der "Internationale" gibt es erst, seit die "Linken" in Europa nicht mehr aus der Arbeiterklasse kommen, sondern aus dem gutsituierten mittelständischen Bildungsbürgertum.

Aber: Wer die Wolkenkuckucksheimer auf die genannten Kleinigkeiten hinweist, der „redet wirres Zeug". Und überhaupt: „Du bist offensichtlich nicht links, was willst du dann hier und

wieso sollten wir Dich ernst nehmen?" So wurde es mir gesagt. Tja ihr lieben Genossen, ich werde weiter „irre" reden.
Versprochen.

Interview III

C., Angestellte in einem großen Unternehmen

BG. Hallo C., wie geht es Dir?

C. Ganz gut soweit. Ich mach' viel mit meinen Enkelkindern, das macht mir sehr viel Spaß.

BG. Bei der Linken sieht man Dich nicht mehr, oder täusche ich mich da?

C. Mitglied bin ich noch, eigentlich könnte ich aber auch austreten, ich mach ja nichts mehr.

BG. Und Du warst doch sogar einmal im Bezirksvorstand, so richtig engagiert…

C. Das ist lange her…

BG. Was war da los, warum hast Du aufgegeben?

C. Damals wurde nur geredet im Bezirksvorstand, nichts gemacht. Ich wollte etwas tun mit meinen Genossen, aber wir haben nur gestritten. Wenn ich etwas sagte, waren andere immer sofort dagegen. Und dann diese Gespräche im Hintergrund, von denen ich nur zufällig erfuhr. Da haben Leute was besprochen, was eigentlich Sache des Bezirksvorstands war, wir wurden aber gar nicht einbezogen, wurden einfach vor vollendete Tatsachen gestellt. Unmöglich sowas.

BG. Hast Du vielleicht ein Beispiel dafür, was da so nebenbei abgekaspert wurde?

C. Wir mussten ja Mitgliederversammlungen organisieren, um Delegierte zu wählen. Ich hatte überlegt, einige Mitglieder anzusprechen, ob sie nicht kandidieren wollen. Der Erste, den ich anrief, erzählte mir gleich, dass man ihn schon angesprochen hatte, ob er nicht einen bestimmten Genossen, der kandidieren wollte, unterstützen würde. Und ihm selbst hatte man vorgeschlagen, mit seiner eigenen Kandidatur noch ein Jahr zu warten.

BG. Wer hatte ihn denn angerufen?

C. Wer wohl, das kannst Du dir doch denken. Unser lieber Genosse X. Der hatte sich bereits mit Leuten zusammengesetzt, sich mit seinen Spezis abgesprochen und diverse Leute angerufen. Wir im Bezirksvorstand wussten nichts davon, bis auf seinen Spezi bei uns im Vorstand, der uns natürlich nichts gesagt hat. Ich war so sauer damals, dass ich ihn angerufen habe und ihn gefragt habe, was das soll. Der hat mich so unverschämt und arrogant abgefertigt, Du kannst es dir nicht vorstellen. Der hat sich unmöglich verhalten. Und ich hatte mich freiwillig engagiert und dann das.

BG. Kann ich verstehen, dass Du da die Lust verloren hast.

C. Und die anderen im Bezirksvorstand hatte keine auch bald keine Lust mehr, bis auf den einen Spezi von X. Der X war für nichts gewählt, rotierte aber ständig hinter den Kulissen. Wirklich unglaublich, dieses Verhalten. Und dann dieses Benehmen bei den Diskussionen auf den Mitgliederversammlungen. Wenn ich oder andere was sagten, wurde oft dazwischengerufen, gelacht oder sich einfach unterhalten. Wir wurden nicht akzeptiert und lächerlich gemacht.

BG. Was meinst Du, warum haben die sich so benommen?

C. Das war auch, weil wir Frauen waren und die fast nur Männer. Und die hatten viel mehr Erfahrung, die waren ja vorher schon in anderen Parteien. Die dachten sicher, sie hätten viel mehr Ahnung und akzeptierten uns nicht, obwohl wir gewählt waren.

Wenn wir wenigstens einmal im Bezirksvorstand etwas gut organisiert hätten – aber wir waren uns ja nie einig. Ich und andere haben irgendwann keinen Sinn mehr in der Vorstandsarbeit gesehen, wir haben dann aufgegeben.

BG. Bist Du danach noch in Deinem Ortsverband geblieben?

C. Ja, aber nicht lange. Ein bisschen lief es dort auch so. Da konnten einige auch nicht akzeptieren, dass es nicht alles haarklein so lief, wie sie es sich vorstellen. Und auf Bezirksversammlungen lief mir immer wieder Genosse X mit seinem Anhang über den Weg. Ich habe mich zu viel geärgert und keinen Spaß mehr gehabt. Diese ganzen Machenschaften und persönlichen Animositäten haben viel kaputtgemacht, nicht nur bei mir. Im Grunde war da vieles parteischädigend. Die haben unsere Partei geschwächt, dabei ist eine linke Partei doch so wichtig.

PS Ja, es gibt sehr viele Menschen aus der Arbeiterklasse, die sich in der Partei engagiert haben oder es wollten und bitter enttäuscht wurden.

Wer hat uns verraten…

Wie oft habe ich das gehört: „Wer hat uns verraten: Sozialdemokraten!"

Und jedes Mal kommt das von Leuten, die sich selbst links von der SPD sehen, also von Sozialisten und Kommunisten. Also z. B. von denen, die ehemals im realen östlichen Sozialismus die arbeitende Bevölkerung verrieten, diese belogen, manipulierten, erniedrigten und unterdrückten. Oder die im Westen lebten und sich mit dem realen DDR-Sozialismus verbunden fühlten. Vielleicht weisen sie deshalb so gern und oft auf den Verrat der SPD hin?

Entstanden ist dieser Spruch kurz nach 1918, als die SPD sich für die bürgerliche Demokratie entschied. Sie war damals schon keine sozialistische, schon gar keine revolutionäre Partei mehr – was ihr von Sozialisten und Kommunisten mit dem obigen Spruch zum Vorwurf gemacht wurde.

Dass die Politik der KPD nach ihrer Gründung 1918 bis zu ihrem Verbot 1933 sich keineswegs als segensreich für die arbeitende Bevölkerung erwies, sondern dieser im Endeffekt geschadet hat, wollen die heutigen Linken nicht sehen. Die großen Fehleinschätzungen der KPD, dass die sozialistische Revolution schon auf der Tagesordnung steht und die Verdammung der SPD als Sozialfaschisten, hatten gravierende Folgen. Und dann die Übernahme des Personenkults mit Stalin und die Unterordnung unter die KP der Sowjetunion…

Und nach dem 2. Weltkrieg weiter mit Stalinkult und der fatalen SED-Politik…

Wie kann jemand, der selbst so viel Dreck am Stecken hat, so unverschämt sein und der alten Tante SPD überhaupt einen Vorwurf machen?

Die SPD hat sicher mit der sogenannten „Agenda 2010" dafür gesorgt, dass Löhne gesenkt werden konnten und Menschen gezwungen wurden, äußerst schlecht bezahlte Arbeitsstellen im durch die Agenda2010 entstandenen Niedriglohnbereich anzunehmen.

Aber die SPD hat auch einen großen Teil unseres Sozialstaates geschaffen, Gesetze durchgesetzt, die der arbeitenden Bevölkerung geholfen haben. Sie hat die Sozialversicherungen ausgebaut, Arbeitsgesetze, Arbeits- und Gesundheitsschutz durchgesetzt, zusammen mit den Gewerkschaften.

Und was haben Sozialisten und Kommunisten bisher für die arbeitende Bevölkerung erreicht? Nichts, absolut nichts.

Außer Spesen nichts gewesen. Und das sie selbst nichts erreicht haben, hält sie in keinster Weise davon ab, über andere herzuziehen! Unglaublich.

Etwas zu viel SPD-Bashing für meinen Geschmack, hat etwas Sektenähnliches. Wer selbst so viel Dreck am Stecken hat wie Sozialisten und Kommunisten, mit den genannten gravierenden Fehlentscheidungen und Fehlleistungen der KPD (angebliche revolutionäre Situation in Deutschland, Stalin-Kult, Sozialfaschismus-Theorie) und der SED-Diktatur, sollte vielleicht etwas zurückhaltender mit Hinweisen auf Fehler der Sozialdemokraten sein. Immerhin ist es die SPD, die den größten Anteil am noch vorhandenen Sozialstaat hat (bei allen ihren Fehlern). Und was haben die Sozialisten und Kommunisten vorzuweisen? Wer im Glashaus sitzt...

PS Die Überheblichkeit und Selbstgerechtigkeit der Herren und Damen „Sozialisten" durfte ich auf einer Feier der Linkspartei im Hamburger Rathaus zum hundertjährigen Jubiläum der Revolution von 1918 noch einmal erleben. Die konnten sich vor lauter SPD-Bashing kaum noch einkriegen. Als ob die SPD der „Hauptfeind" wäre. Der Gipfel war mich ein vorgetragenes Gedicht eines Anarchisten und Bohemien aus der Zeit kurz nach 1918, in dem dieser seiner Verachtung für die Ängste und Befindlichkeiten von Arbeitern ausdrückte. Ich glaube, den anwesenden „Sozialisten" fiel die darin ausgedrückte Arbeiterverachtung nicht weiter auf.

Arbeitsmarkt...

Vollbeschäftigung hemmt den Profit. Das sagen nicht nur bürgerlich-liberale Wirtschaftswissenschafter. Denn die Arbeitskräfte sind die wichtigste Quelle des Profits. Wenn kein Druck auf dem Arbeitsmarkt liegt, wenn Arbeiter sich keiner Konkurrenz stellen müssen, kommen sie leicht auf die Idee, für ihre Arbeitskraft mehr Geld, also mehr Lohn zu verlangen. Sie können auch sehr schnell mal kündigen, wenn sich ein Arbeitgeber unwillig zeigt, denn bei Vollbeschäftigung eine neue Stelle zu finden ist nicht schwer. Davor graust den Unternehmern, deshalb tun sie alles, um für Konkurrenz, für ein Überangebot von Arbeitskräften auf dem Arbeitsmarkt zu sorgen.

Mitte der 50er Jahre, also 10 Jahre nach Ende des Zweiten Weltkrieges, war es so weit: Vollbeschäftigung in (West-) Deutschland. Das passte den Herren der Wirtschaft überhaupt nicht. Deshalb entstand in Unternehmerkreisen die Idee, die Arbeiter im Land einem Konkurrenzdruck von außen auszusetzen – durch Importe billiger Arbeitskräfte aus dem Ausland. Damit war die Wanderungsbewegung der Gastarbeiter geboren. Ohne zusätzliche Arbeitskräfte aus dem Ausland ist kein Wachstum mehr möglich, hieß es damals. Und so ersparte man sich auch noch teure Investitionen in Rationalisierungen und Modernisierungen der Produktionen. Wenn fast alle Menschen einen sicheren Arbeitsplatz haben, führt das zu einem höheren Lohnniveau – daher brauchen wir billige Arbeitskonkurrenz aus dem Ausland, um den Arbeitsmarkt aufzumischen! So die Gedanken der Arbeitgeber und ihrer politischen Helfer damals.

Die überwiegende Mehrheit der Deutschen lehnte den Import billiger Arbeitskräfte damals rundweg ab. 55% der Deutschen waren kategorisch gegen die Anwerbung von Gastarbeitern. Das interessierte die Regierung damals allerdings nicht. Man drückte auch offen aus, dass man mit der Anwerbung von Gastarbeitern ein Mittel sah, um Forderungen nach Lohnerhöhungen durch die Gewerkschaften abzuwimmeln.

Was haben die bürgerlichen Linken, die Eltern und Großeltern der heutigen Linken, damals dazu gesagt? Haben sie der ablehnenden

Mehrheit damals schon Fremdenfeindlichkeit und Rassismus vorgeworfen, wie sie es heute tun?

In Österreich blockierte der Gewerkschaftsbund länger als in Deutschland die Gastarbeiter-Anwerbepläne seiner Wirtschaft. Erst im Jahr 1962 ließ sich die rechtssozialdemokratische Gewerkschaftsführung zu einer anfänglich noch kleineren Anwerbung breitschlagen. In Österreich wusste man in den Gewerkschaften (wie auch in Deutschland) um die Absichten und Interessen, die die Arbeitgeber mit der Anwerbung ausländischer Billigarbeiter verfolgten. Dieses Bewusstsein der Interessen der Arbeitgeber ist den bürgerlichen Linken in diesem Zusammenhang bis heute fremd.

Mit dem Anwerben von Gastarbeitern war erst 1973 Schluss. Bedingt durch wirtschaftliche Krisen (Ölkrise) verfügte die Bundesregierung unter Kanzler Willy Brandt einen umfassenden Aufnahmestopp. Brandt wörtlich: „…in dieser Situation müssen wir zuerst an unsere eigenen Landsleute denken." Mit dieser Aussage würde er heute von den Linken als „rechtsextrem" verdammt werden. Was würden die Linken heute einer Bundesregierung bei einer entsprechenden Maßnahme (wie dem damaligen Aufnahmestopp) alles vorwerfen? „Schürung von Angst vor Ausländern", „Fremdenfeindlichkeit", Rassismus"? Die arbeitende Bevölkerung im Land vor massenhafter Konkurrenz aus dem Ausland zu schützen, ist für die Linken heute völlig undenkbar. Für sie, die ja selbst dieser Konkurrenz nicht ausgesetzt sind, sind entsprechende Maßnahmen „Nationalismus", „Abschottung" und „intolerant". Denn sie wollen ein „buntes", „weltoffenes" Land mit „offenen" Grenzen.

Mit den Krisen wuchs auch die Arbeitslosigkeit in Deutschland, und so mussten sich die Arbeitgeber für lange Zeit keine Gedanken mehr um ein von ihnen gewünschtes Überangebot von Arbeitskräften auf dem Arbeitsmarkt machen. Zuzug gab es im kleineren Rahmen weiter kontinuierlich durch Familiennachzug von Gastarbeitern und Einwanderung über unser Asylgesetz. Die nächste große Übernahme von arbeitswilligen Arbeitskräften erfolgte 1989/1990 mit dem Zusammenbruch der sozialistischen Staaten, mit der Wende im Osten und der Übernahme der DDR durch die Bundesrepublik. Durch den Zusammenbruch der DDR–Industrie wurden sehr viele Menschen in Ost–Deutschland arbeitslos und wanderten in relevanten Mengen in den Westen oder wurden Pendler. Damit wurde wieder einmal die Zahl der Arbeitssuchenden auf dem Arbeitsmarkt massiv erhöht – und machten die Einführung eines immer größer werdenden Niedriglohnsektors möglich. Der Zusammenhang zwischen Arbeitslosigkeit und Lohnhöhen wurde besonders im Osten Deutschlands auffällig, die Arbeitgeber dort hatten noch mehr Möglichkeiten, Löhne zu senken und unten zu halten. Die Linken hielten und halten es nicht für notwendig, diesen Zusammenhang auch nur zu erwähnen. Vermutlich, weil dann die Frage nach ihrer Migrationspolitik sofort auf der Hand liegt.

Die nächste große Einwanderungs-Welle erfolgte aus Osteuropa im Rahmen der Aufnahme einiger Länder in die EU und die damit verbundene Arbeitnehmer–Freizügigkeit. Auf Druck der Gewerkschaften akzeptierten Deutschland und Österreich die Freizügigkeit der Arbeitskräfte aus dem Osten erst sieben Jahre nach dem Beitritt der osteuropäischen Länder zur EU. Großbritannien öffnete seinen Arbeitsmarkt sofort für Osteuropäer, was zu einer Massen–Einwanderung von Polen, Slowaken und Rumänen führte. Die daraus erfolgten Probleme auf dem Arbeitsmarkt für die einheimischen Arbeitskräfte sind der Hauptgrund für das mehrheitliche „Ja" zum EU–Ausstieg (Brexit) der Arbeiterklasse Großbritanniens. Was von der deutschen bürgerlichen Linken niemals erwähnt wird.

In Österreich wollten die Gewerkschaften auch nach der sieben–jährigen Frist keine volle Freizügigkeit für osteuropäische Arbeitskräfte, sie wollten die Aufnahme in ihrem Land an bestimmte Voraussetzungen knüpfen, um Lohndrückerei zu verhindern. Daraufhin wurden ihnen in einer Regierungs- und Medienkampagne „Ausländer- und Fremden–Feindlichkeit" vorgeworfen. Auf welcher Seite bei dieser Kampagne die Linken in Österreich standen, lässt sich denken. Das Wort „Lohn-drückerei" dürfte für sie wie für die deutschen Linken ein Fremdwort sein.

Die letzte große Einwanderungswelle fand 2015 statt, ausgelöst durch eine Entscheidung von Bundeskanzlerin Merkel. Zitat: „Deutschland ist ein starkes Land. Wir haben so vieles geschafft – wir schaffen das!" Das war das Signal an die Menschen aus Syrien in den Flüchtlingslagern, an Menschen in Afghanistan, die Opfer der Globalisierung in Afrika und anderswo. Und so kamen 2015 über eine Million Menschen neu ins Land. Die Linken jubelten. Unsere Partei-Vorsitzende: „2015 feierten wir den summer of migration." Die Menschen aus Syrien kamen aus Flüchtlingslagern im Libanon, in Jordanien und der Türkei, wo sie bis 2015 von UN–Geldern leben konnten. Diese UN–Gelder wurden Ende 2014 zusammen-gestrichen, so dass die Lage in diesen Lagern sich drastisch verschlechterte. Der Grund für diese Geldreduzierung blieb nebulös. Hinzu kommt, dass der Großteil der syrischen Flüchtlinge Männer im wehrfähigen Alter waren, die in Syrien der Wehrpflicht unterliegen. Die also eigentlich Deserteure waren – dass dürfte den Regime–Change–Plänen der Bundeskanzlerin für Syrien (Zitat Merkel: „Assads Tage sind gezählt") durchaus entgegengekommen sein. Die Arbeitgeber unterstützten Merkels Einladung und hofften offen auf Integration in den Arbeitsmarkt und in ihre Unternehmen. Das bereits über drei Millionen Menschen im Land arbeitssuchend waren und Millionen weitere im Niedriglohnbereich arbeiteten interessierte die Arbeitgeber nicht weiter. Sie freuten sich über hunderttausende neue Arbeitskräfte. Und noch etwas kommt hinzu: Vor der Einwanderungswelle 2015 war das viele Steuergeld für die Bankenrettung in der EU ein aufregendes heißes Thema. Mit der Aufregung um die Einwanderungswelle wurde dieses Thema mehr oder weniger beerdigt.

Die Linke hatte 2015 nichts Besseres zu tun, als Merkel einen Anfall von Humanismus zu unterstellen, die von dieser ausgelöste Einwanderungswelle zu bejubeln und sich zur Verteidigerin von Merkel aufzuschwingen. Sie gab in dieser Frage ihre Oppositionsrolle auf und wurde zu einer Verteidigerin der Regierung. Arbeitsmarkt? Absicherung von Niedriglöhnen durch Zuwanderung? Was interessiert das die bürgerlichen ideologie-gesteuerten Linken?

Als ich einen tollen Linken bei einer Diskussion darauf aufmerksam machte, dass die Neuen im Land in bestimmten Bereichen des Arbeitsmarktes zu einer größeren Lohnkonkurrenz führen könnten, war seine Antwort: „Ach was. Wenn die Arbeitgeber versuchen sollten, Löhne zu senken, dann werden sich die alten und neuen Arbeitskräfte zusammentun und den Arbeitgebern kräftig in die Suppe spucken!" Er selbst war selbstverständlich kein Arbeiter.

Kann man so naiv oder so blauäugig sein? Oder geht es in solchen Fällen den Linken nur noch um aggressive Verteidigung ihrer Ideologie vor den Gefahren der Realität? Vermutlich Letzteres. Die Migrations-Politik der Linken kostet die Arbeiter jedenfalls Geld. Die Linken sorgen mit für ein ständiges großes Überangebot von Arbeitskräften, sichern dies von links ab – und damit tragen sie ihren Anteil an zu niedrigen Löhnen. Das Interesse der Unternehmer, die Kosten der Arbeitskräfte durch ständigen Zufluss von Einwanderern niedrig zu halten, trifft sich wunderbar mit der Migrationspolitik der bürgerlichen Linken. Man kann es auch Verrat der Linken an der arbeitenden Bevölkerung nennen. Und ich nenne es so.

„Es gibt keine Masseneinwanderung…"

Meinen bürgerliche Linke. Zwar steigt der Anteil der Einwanderer und ihrer Nachkommen an der Gesamtbevölkerung von Jahr zu Jahr, in meiner Stadt haben inzwischen knapp über 50% der Schulkinder einen Migrationshintergrund, aber: Mit Massen-Migration hat das aber nichts zu tun – meinen „Linke".
Typisches Zitat eines bürgerlichen Linken: „Es gibt keine Masseneinwanderung nach Deutschland… Der Kampf findet zwischen oben und unten statt und sollte nicht - zur Freude der Kapitalistenklasse - zwischen den Armen und Ärmsten der Armen stattfinden. Wir hatten nach dem Zweiten Weltkrieg viel mehr Kriegsflüchtlinge als Flüchtlinge aus Nordafrika heute…" Dass die deutschen Flüchtlinge aus dem ehemaligen deutschen Osten keine Migranten waren, sondern Deutsche, die innerhalb ihres Landes ihren Wohnort wechseln mussten interessiert den guten Mann nicht.
Weiter: „Arbeiter mit Klassenbewusstsein solidarisieren sich mit ihresgleichen, dazu gehören auch Arbeiter aus anderen Ländern. Arbeiter mit Klassenbewusstsein treten niemals nach unten, sondern verbünden sich gegen Rassisten, Faschisten und Nationalisten. Nur das Lumpenproletariat, das eher mit den herrschenden Eliten sympathisiert statt mit sozialistischen Parteien, nimmt hier einen reaktionären, unsolidarischen und auch rassistischen Standpunkt gegen Flüchtlinge, gegen "Ausländer", ein. Arbeiter mit Klassenbewusstsein wissen, wer und was für internationale Fluchtbewegungen verantwortlich ist, dass kein deutscher Arbeiter eine bessere Wohnung, eine bessere Rente, eine bessere Entlohnung bekommt, ohne Flüchtlinge. Sozialabbau, mickrige Renten, teure Mietwohnungen, Massenentlassungen und den allgemeinen Sozialabbau gab es schon vorher…"
Soweit die typische Argumentation hier beispielhaft aus einer Facebook-Diskussion.
Der gute „Linke" weiß, wie Arbeiter mit Klassenbewusstsein handeln – er selbst ist zwar kein Arbeiter, sondern schreibt den genannten Beitrag als kleiner Selbstständiger, aber echt „revolutionär" eingestellt. Dass das Kapital ein ureigenes Interesse

an Massen-Migration hat, wird von bürgerlichen Linken nicht weiter erwähnt, falls es Probleme gibt, sollen die „klassenbewussten Arbeiter", zu denen sie selbst nicht gehören, es dann eben richten. Über das Klassenbewusstsein der Zuwanderer braucht er sich auch gar nicht erst Gedanken zu machen, in seiner Phantasie hat er ja sowieso sämtliche Probleme schon gelöst. Dass das global agierende Kapital jedes Interesse daran hat, durch Massen-Einwanderung den Preis der Ware „Arbeitskraft" niedrig zu halten bzw. den Preis abzusenken und so die Lebensbedingungen von Arbeitern zu verschlechtern – was geht das die bürgerlichen Linken an? Wenn es da Probleme gibt, müssen die Arbeiter eben hier zusammen mit den Neuen im Land dagegen kämpfen – so die bürgerlichen Linken. Die vermutlich nie selbst an Arbeitskämpfen teilgenommen haben. Sollten die Arbeiter hier aber die von den Linken geforderte und geförderte Massen-Einwanderung ablehnen, das sind sie „rechts" und „Lumpenproletarier" und Gegner im Kampf der Linken beim „Kampf gegen rechts". Denn der „Kampf gegen rechts" ist primär ein Kampf für Massen-Einwanderung. Eine „Linke", die sich konkret an den Interessen der Arbeiter orientiert, in der sogar Arbeiter selbst in führenden Positionen sind, wäre ja nicht übel – eine solche politische Linke gibt es aber in keinem europäischen Land. Die bürgerlichen mittelständischen Linken sind leider ideologie- und von eigenen (auch materiellen) Interessen gesteuert.

Die Kapriolen der bürgerlichen Linken in den Diskussionen über Migration sind manchmal wirklich makaber – kein Argument ist zu billig, um unbegrenzte Migration zu fordern und zu verteidigen.

Zum Schluss noch ein Zitat aus einer Diskussion:

„Gegen "Arbeits-Konkurrenz" helfen keine Grenzen und keine Begrenzung der Migration, sondern gewerkschaftliche Organisierung und eine solidarische Absicherung für alle, die entweder Angst um ihren Arbeitsplatz oder ihre sozialen Garantien des Lebens fürchten. Und beides gibt es in diesem Land in großer Anzahl unabhängig von der regionalen Herkunft! Die Forderung nach geschlossenen Grenzen spaltet die Klasse und zwar an den Grenzen, die die Herrschenden setzen. Das ist nicht links. Das ist nützlich für die Reichen und für die lohnabhängige Klasse fatal!"

Dieses Zitat stammt von einer ehemaligen Spitzenkandidatin der Linken in einem westdeutschen Bundesland!

Meine Antwort war:

„Bravo dafür: Die Forderung nach geschlossenen Grenzen spaltet die Klasse... (Das ist natürlich eine Unterstellung, wer unbegrenzte Massen-Einwanderung ablehnt, ist damit noch lange nicht für geschlossene Grenzen, d. V.) Und die Forderung nach offenen Grenzen vereint die Klasse? Und was die von mir erwähnte Massen-Migration angeht, die es Ihrer Meinung nach ja gar nicht gibt: Ermitteln Sie doch einfach einmal die Zahlen der gesamten Zuwanderung 2017. Also Asylbewerber, Flüchtlinge, Minderjährige, Familienzusammen-führung, EU-Arbeitnehmer, sonstige. Was meinen Sie, wie hoch die Summe der Zuwanderung 2017 real ist? Das ist keine Massen-Migration? Ach so... dann eben nicht. Aber wenn die Migration-Politik der Partei Die Linke Realität würde, dann hätten wir doch vielleicht eine Massen-Migration. Was meinen Sie, wie groß die jährliche Zuwanderung bei "Offene Grenzen“ und „Bleiberecht für alle“, also logisch "Jeder der kommen will soll kommen dürfen wäre" wäre? Ja, über welche jährlichen Zahlen würden wir mit der Umsetzung der Migrationspolitik der Linken reden? Ich vermute allerdings, dass Sie das gar nicht weiter interessiert, als echte Arbeiterin sind Sie einfach solidarisch mit ihren Klassengenossen weltweit. Aber vielen Dank für den Einblick, den Sie mir in ihr Denken gewährt haben. Das war für mich sehr hilfreich.“

Darauf hat mir die ehemalige Spitzenkandidatin, eine Pastorentochter, leider nicht mehr geantwortet. Diese Zitate zeigen sehr schön das Denken in den Kreisen der bürgerlichen Linken – wer die als Arbeiter wählt, hat selbst schuld.

Noch eine kleine Ergänzung, weil wir schon dabei sind:

Als 2018 in Frankreich Menschen gegen die Erhöhung der Benzinsteuer demonstrierten (sie nannten sich „Gelbwesten“, weil sie sich mit gelben Warnwesten kennzeichneten), tat sich die deutsche Linke mit Solidaritätsbekundungen recht schwer. Ein Jüngelchen, der sich selbst als „Linker“ einordnete, brachte es in einer Diskussion mit seiner Meinung über die demonstrierenden Franzosen auf den Punkt:

"...Zu der latenten Rechtsoffenheit und der regressiven Kapitalismuskritik (der demonstrierenden Franzosen) kommt dann noch eine anti-ökologische Grundhaltung provinzieller kleinbürgerlicher Autofetischist*innen, an der sich diese Revolte entzündet hat."

Ja, wenn Franzosen, die auf ihr Auto angewiesen sind, um zur Arbeit zu kommen, gegen Benzinsteuer-Erhöhungen demonstrieren, dann kommt darin nach Meinung deutscher Linker eine „anti-ökologische Grundhaltung (und) provinzieller kleinbürgerlicher Autofetischismus" zum Ausdruck.

Was würden Arbeiter hier bei uns sagen, wenn sie diesen linken Blödsinn mitbekommen würden? Ist vielleicht ganz gut, wenn sie dieser Blödsinn nicht weiter interessiert.

Bei der Präsidentenwahl 2017 in Frankreich...

...traten bei der entscheidenden Stichwahl die rechte Marine Le Pen gegen den ehemaligen Bankmanager Emmanuel Macron an.

Sowie die beiden als Teilnehmer der Stichwahl feststanden, legte sich der Vorsitzende der deutschen Linkspartei sofort fest: „Jetzt muss die Linke im zweiten Wahlgang selbstverständlich für Macron stimmen...". Und das ohne sich mit den französischen Linken zu besprechen oder abzustimmen!

Dabei kannte man das Programm des Sozialabbaus von Macron.

Wer hätte das gedacht? Um die Angst deutscher Linker vor der rechten Le Pen zu besänftigen, sollen die französischen ArbeiterInnen also wieder länger und zu niedrigen Löhnen arbeiten. Ebenso sollen sie eine französische Agenda 2010 hinnehmen - mit einem neuen Niedriglohnsektor und einer massiven Ausweitung der Zeitarbeit, ähnlich wie in Deutschland. Warum wollten das die deutschen Linken? Damit Le Pen nicht regiert — und deshalb sollen französische ArbeiterInnen das in Kauf nehmen.

Marine Le Pen stand hinter der 35-Stunden-Woche, eine französische Schröder-Agenda lehnte sie ab, das umstrittene französische Arbeitsgesetz von 2016 wollte sie zurücknehmen. Und sie wollte die kleinen Rentner unterstützen, mit einer Art Mindest-Rente.

Für die Beruhigung der Ängste und Befürchtungen deutscher Linker sollten also die französischen ArbeiterInnen bezahlen! Mit Barem von ihren Gehaltskonten.

Der Vorsitzende der deutschen Linkspartei forderte zur Wahl eines Präsidenten auf, der ganz offensichtlich für offensiven Sozialabbau stand und steht. Auf eine Antwort auf meine Aufforderung, diese „Wahlempfehlung" der arbeitenden Bevölkerung Frankreichs zu erklären, warte ich noch heute.

Interview IV

D., Rentner

BG. Hallo, Dich sieht man ja gar nicht mehr bei uns. Selbst zu öffentlichen Veranstaltungen kommst du nicht.

D. Ja, ich habe neue Aktivitäten entwickelt seit ich nicht mehr arbeite. Und ich bin sehr viel im Ausland, in Spanien.

BG. Und was machst Du in Spanien?

D. Ich kann dort sechs Monate im Jahr in der Ferienwohnung meines Onkels leben.

Und dort geht es mir sehr gut. Gesundheitlich vor allem, die Luft dort tut mir sehr gut. Und die Sonne. Meine Hautprobleme und meine vielen Erkältungen sind verschwunden.

BG. Kriegst Du denn noch mit, was hier passiert, und auch etwas von der Linken?

D. Na klar, ich hab' ja Internet. Ich lese viel im Internet, auch über Die Linke.

BG. Hier willst Du aber nicht mehr noch irgendwie in der Partei mitarbeiten?

D. Nein, auf keinen Fall. Ich hab' wirklich Besseres zu tun als mich damit abzugeben.

Und ich stehe auch nicht mehr dahinter. Ich werd' den Teufel tun, und hier für „Offene Grenzen" und unbegrenzte Migration einzutreten.

BG. Die Linke hat ja noch andere Ziele, die Migration ist ja nur ein Thema unter vielen.

D. Ich weiß. Ich sehe es aber so, dass sämtliche sozialen Forderungen der Linken niemals Realität werden können, wenn gleichzeitig die Migrationspolitik der Linken umgesetzt wird. Wer für unter den heutigen Bedingungen für unbegrenzte Einwanderung eintritt wie Die Linke, der arbeitet objektiv für das Kapital. So sehe ich es. Und ich habe zwei Töchter und ein Enkelkind. Mit der Linken würde ich ja gegen sie arbeiten. Ich mache doch keine Politik gegen meine Nachkommen.

BG. Wie ist das gekommen, dass Du zu dieser Meinung gekommen bist? Das war ja noch nicht so, als Du eingetreten bist.

D. Das stimmt. Ich war von Anfang an dabei, primär, weil ich die HartzIV-Empfänger und die Arbeitslosen unterstützen wollte, weil ich etwas zum Widerstand gegen den Sozialabbau beitragen wollte. Und ich war damit nicht der einzige, das war doch hier in unserem Bezirk die Hauptmotivation der Mitglieder. Aber schau mal, wer im Laufe der Jahre alles abgesprungen ist und warum. Oder wer abgesprungen wurde.

Die Leute, die aus normalen Berufen kamen, sind doch alle weg. Fast alle bis auf Ausnahmen. Sicher sind auch Studenten und akademisch Gebildete abgesprungen, aber wer ist übriggeblieben? Die wohlsituierte Mittelständler, ich nenne sie mal so, und die Einfamilienhausbesitzer. Ist doch merkwürdig, oder?

BG. Na ja, es gibt sicher Gründe dafür.

D. Sicher gibt es Gründe. Es gibt immer Gründe. Mit diesen Leuten ist der Ursprung der Partei, die Opposition gegen HartzIV und Sozialabbau aber immer mehr in den Hintergrund getreten. Die sind ja selbst nicht betroffen und mit ihrer Art zu reden vergraulen sie auch schnell Betroffene. Denk nur mal an den Gärtner, wie sie den aus unserem Ortsverein vergrault haben. Weil er anders war als sie und nicht zu 100% auf Parteilinie. Anstatt mit ihm zu reden und über seine Gedanken zu diskutieren wurde er vergrault. Zum Teil gemobbt.

BG. Ja, das kann man so sehen.

D. Und dann 2015 diese Hysterie in der Partei. Die Flüchtlinge, die Flüchtlinge, kein anderes Thema mehr, es war wie eine Hysterie. Keine Opposition mehr zum Senat, sondern Bekämpfung der Menschen, die irgendetwas gegen Flüchtlingsunterkünfte in ihrem Wohngebiet hatten oder den Senat auch nur wegen seiner Flüchtlingsunterbringung kritisierten. Das waren auf einmal alles Rechte, die man bekämpfen musste. Als sich bei uns am Stadtrand Menschen gegen eine Unterkunft im Landschaftsschutzgebiet wehrten, hieß es bei uns: Die sind wie Pegida. Was für ein Unsinn. Das waren ganz normale Leute. Vor 2015 wurde doch überall im sozialen Bereich gespart und alles Mögliche eingeschränkt – wir müssen sparen, ist kein Geld mehr da., hieß es. Und auf einmal war Geld und nicht wenig. Die Linke hielt es nicht für notwendig, das auch nur einmal zu erwähnen.

Und dann immer diese Absprachen im Hintergrund...Ne, ohne mich.

BG. Schade, dass Du so frustriert bist.

D. Ja, es ist schade, dass so viele so frustriert sind oder wurden und ausgetreten sind oder zu Karteileichen wurden. Ich denke, die Linke hätte eine große Chance sein können, aber es ist nach meiner Meinung vorbei. Es ist bereits zu spät.

BG. Hast Du eine Alternative? Du bist doch immer noch ein politischer Mensch?

D. Sicher habe ich eine Alternative, das ist im Moment meine ehrenamtliche soziale Arbeit, bei der ich Menschen konkret stütze und unterstütze. Das ist konkret und nicht nur Sprüche klopfen. Aber vielleicht ergibt sich auch noch etwas anderes, politisch, meine ich. Denn die Partei Die Linke ist ja sicher nicht das Ende in der Welt der linken Parteien.

BG. Kann sein, klar.

D. Was mir gerade noch einfällt..., was mich auch immer etwas gewurmt hat: Ich war ja lange in der Solidarität für die Palästinenser mit dabei. Dass die Linke da total ausgestiegen ist, aus Angst vor dem Vorwurf des Antisemitismus durch unsere politischen Gegner und durch Einfluss der Antideutschen, das hat bei mir schon vorher reichlich Unmut erzeugt. Stattdessen hat man bis in die Parteispitze die Antideutschen eingebunden, widerlich. Sogar in die Kriegspropaganda gegen den Iran haben sich einige aus der Parteiprominenz einbinden lassen. Einfach widerlich, was haben die noch mit linker Politik zu tun.

Ich denke, das reicht jetzt, lass uns noch mal über was anderes reden...Für mich ist die Linke jedenfalls gestorben.

BG. Ok, besten Dank erstmal. Dann erzähl mal etwas über Spanien...

Proletarier aller Länder, vereinigt euch!

Diese Losung aus dem berühmten kommunistischen Manifest von Marx und Engels wird heute von bürgerlichen Linken zur Rechtfertigung von unbegrenzter Einwanderung benutzt. Das Kommunistische Manifest wurde von Marx und Engels erstellt, nachdem ein internationaler Kongress des Bundes der Kommunisten sie dazu beauftragt hatten. Es ist so etwas wie eine kommunistische Kampfschrift. Und was haben die linken Bildungsbürger heute mit „Kommunisten" bzw. dem Kampf einer kommunistischen Organisation/Partei zu tun?

Diese Losung wurde in der Geschichte der Arbeiterbewegung auch nie so verstanden, dass sie zu Wanderungsbewegungen von einem Land zum anderen auffordert. Und selbstverständlich denken die linken Bildungsbürger nicht im Traum daran, die Proletarier zu fragen, was sie heute dazu meinen. Daran hindert sie schon ihr genetischer programmierter Anspruch auf Meinungshoheit. Nach Marx und Engels ist der Kampf der Proletarier in seiner konkreten Form primär ein nationaler Kampf - die Arbeiterklasse eines jeden Landes muss zunächst mit der eigenen Bourgeoisie (der Kapitalistenklasse) fertig werden. Das sich nationale Arbeiter-Organisationen bei landesspezifischen Kämpfen im Rahmen ihrer Möglichkeiten gegenseitig unterstützen, ist selbstverständlich.

Irgendwie komisch, dass sich heute Leute, die weder Proletarier noch Kommunisten sind, noch irgendwie an Kämpfen der eigenen Arbeiterklasse beteiligt sind, sondern wohlsituierte Bildungsbürger, auf historische kommunistische Persönlichkeiten berufen, wenn es ihnen gerade in die eigene Ideologie passt.

Marx und Migration

"Zweitens hat die englische Bourgeoisie das irische Elend nicht nur ausgenutzt, um durch die erzwungene Einwanderung der armen Iren die Lage der Arbeiterklasse in England zu verschlechtern, sondern sie hat überdies das Proletariat in zwei feindliche Lager gespalten. Das revolutionäre Feuer des keltischen (irischen) Arbeiters vereinigt sich nicht mit der soliden, aber langsamen Natur des angelsächsischen Arbeiters. Im Gegenteil, es herrscht in allen großen Industriezentren Englands ein tiefer Antagonismus zwischen dem irischen und englischen Proletarier. Der gewöhnliche englische Arbeiter hasst den irischen als einen Konkurrenten, der die Löhne und den Lebensstandard herabdrückt. Er empfindet ihm gegenüber nationale und religiöse Antipathien. Er betrachtet ihn fast mit denselben Augen, wie die Poor Whites (armen Weißen) der Südstaaten Nordamerikas die schwarzen Sklaven betrachteten. Dieser Antagonismus zwischen den Proletariern in England selbst wird von der Bourgeoisie künstlich geschürt und wachgehalten. Sie weiß, dass diese Spaltung das wahre Geheimnis der Erhaltung ihrer Macht ist."

Soweit der gute alte Marx. Mit Bourgeoisie meint er die oberen 10000, die Elite, die Inhaber der wirklichen Macht. Man kann auch sagen: Die Kapitalisten. Und die deutsche Bourgeoisie (und weltweit andere) hat vermutlich von der damaligen englischen Bourgeoisie gelernt. Die Linke schweigt zu diesen Hintergründen, bejubelt die Massen-Migration und verdammt die verbitterten einheimischen Arbeiter als "Rechtsradikale". Welcher Arbeiter braucht so eine "Linke"?

Und dann jonglieren bürgerliche Linke noch mit anderen Zitaten aus kommunistischen Schriften wie dem Kommunistischem Manifest, z. B.: „Die Arbeiter haben kein Vaterland." – und deshalb dürfen „Arbeiter", also Migranten, an der Grenze nicht abgewiesen werden. Sind ja auch Arbeiter, die Armen, ohne Vaterland. Das sagen Leute, die selbst keineswegs Arbeiter sind. Die auch nie dafür sind, dass Arbeiter über solche Fragen abstimmen. Also ich als Arbeiter habe ein Vaterland. Eine Staatsbürgerschaft, Vorfahren in meinem Land, meine Sprache, meine Kinder, so etwas wie Heimat, ich bin in meinem Land verwurzelt.

Und das hält mich nicht davon ab, mich mit Arbeitern in anderen Ländern aktiv zu solidarisieren. Diese Solidarität, die früher und auch heute für Arbeiter darin besteht, Arbeiter in anderen Ländern bei ihren Auseinandersetzungen mit ihren Klassen-Feinden in ihren Ländern zu unterstützen, besteht für mich aber nicht darin, unbegrenzte Massen-Einwanderung zu bejubeln und zu unterstützen. Dieses Ziel der bürgerlichen Linken ist wohl nicht zufällig auch das Ziel der Kapitaleigner.

Die Vorsitzende und der Spargel

Tja, da erklärt uns doch unsere Vorsitzende im Frühsommer 2018 in einem Interview die Vorzüge der Arbeitsmigration: »Ich wüsste gar nicht, wie der Spargel bei uns auf den Tisch kommen soll, wenn es da nicht Menschen aus anderen Ländern gäbe.«

Also wenn nicht Menschen aus Europas Osten zu uns zum Spargelstechen kämen, dann kann sich unsere Vorsitzende keinen Spargel mehr auf unseren Tellern und Tischen vorstellen. Das war sicher kein Phantasiemangel bei der Vorsitzenden unserer angeblich sozialistischen Partei Die Linke, sondern: Sie meint das wirklich so. Nun könnte man ihr sagen: Ja, Katja, kannst Du denn Deinen persönlichen Spargel nicht selber stechen? Aber da hat die Vielbeschäftigte sicher keine Zeit zu.

Sie hätte auch noch sagen können: „Und den Schinken zum Spargel kriegen wir auch nur, weil die osteuropäischen Arbeiter mit den Werkverträgen so fleißig in den Schlachthöfen für uns arbeiten.“ Oder: „Die vielen eingewanderten Paketfahrer, die so viel arbeiten und so wenig verdienen – ohne die würden wir ja unsere Pakete gar nicht bekommen.“

Wir sollen also nach Meinung unserer Vorsitzenden dankbar sein, dass Migranten diese schweren und schlecht bezahlten Arbeiten übernehmen. Dabei geht es auch anders: Die Müllabfuhr in meiner Stadt gehört zum Öffentlichen Dienst, die Müllmänner verdienen gut, und die Müllabfuhr ist bei ungelernten Arbeitern sehr begehrt. Wenn eine Arbeit gut bezahlt wird, also ein guter Lohn bezahlt wird, sind auch Einheimische bereit, sie zu verrichten. Wenn aber Arbeitsmigranten gefunden werden, die schlechte Bedingungen und schlechte Bezahlung akzeptieren, dann sollen wir ihnen nach Meinung unserer Vorsitzenden dankbar sein.

Ja, wenn wir es noch weiterspinnen, dann könnten wir ja auch noch gleich den einheimischen HartzIV-Empfängern dankbar sein, weil die so genügsam sind und so die Sozialausgaben niedrig halten! Dass die osteuropäischen Spargelstecher für ihre schwere körperliche Arbeit noch nicht einmal den deutschen Mindestlohn ausgezahlt bekommen, findet unsere Vorsitzende nicht erwähnenswert. Das diese schwere Arbeit nicht mit einem entsprechenden Lohn, mit einem richtig guten Entgelt verbunden ist, macht sie für einheimische Arbeitskräfte unattraktiv. Aber das könnte man ja fordern, als Vorsitzende einer sozialistischen Partei. Tut sie aber nicht – sie setzt lieber auf genügsame Arbeitskräfte aus ärmeren Ländern.

Tja, und wenn genügend genügsame Arbeitskräfte zur Verfügung stehen, ist auch die Entwicklung einer bestimmten Technik nicht notwendig. So braucht sich niemand über die Entwicklung einer Spargelstech-Maschine Gedanken zu machen – es stehen ja weitaus genug gebeugte Rücken zur Verfügung.

Mit diesem ihrem Verständnis könnte die gute Frau doch auch die Einführung von Rikschas zum Personentransport in unseren Städten fordern, auch dafür dürfte es genügend interessierte Menschen aus ärmeren Ländern geben. Das wäre auch noch ein Beitrag zur guten Luft in unseren Städten. Das man Menschen mit technischen Innovationen auch entlasten kann, ihnen das Leben leichter machen kann, hat im Denken unserer Vorsitzenden wohl keinen Platz.

Wie jemand Vorsitzende einer angeblich sozialistischen Partei sein kann, die die Ausbeutung ausländischer Arbeitskräfte adelt und keinen Schimmer von der Entlastung von Arbeitenden durch technische Innovationen hat, begreife ich nicht.

Muss ich aber auch nicht – ich begreife aber durchaus, dass es hier eine Feindin der Arbeiterklasse geschafft hat, einen lukrativen Posten in der Spitze einer sich „links" nennenden Partei zu erobern. Damit dürfte sie kein Einzelfall sein.

Der Brexit und Die Linke

Den Austritt Großbritanniens aus der schönen EU finden meine lieben Genossen natürlich völlig falsch. Dass die arbeitende Bevölkerung, die Arbeiterklasse also, in Großbritannien mehrheitlich für den Austritt aus der EU votiert hat, interessiert die deutsche Linke nicht. Vielleicht weil die Linken selbst keine Arbeiter sind? Vielleicht auch, weil für sie ihre Ideologie der Maßstab ist und nicht das Interesse der arbeitenden Bevölkerung.
Jedenfalls halten meine Genossen das Ergebnis der Volksabstimmung für einen Fehler. Waren sicher alle manipuliert die Leute drüben, auf der anderen Seite des Kanals, oder aufgestachelt von irgendwelchen Demagogen…
Bei mir vor Ort wurde auch einmal darüber geredet. Mein Einwand, dass die arbeitende Bevölkerung durch die Konkurrenz der vielen Arbeitsmigranten gelitten hätte, wurde nicht akzeptiert: „Ohne die vielen Migranten würde doch die Wirtschaft in England zusammenbrechen!" Ja, wenn es um „Migranten" geht ist eben „die Wirtschaft" für Linke sehr wichtig. Ob das die englischen Klempner, Maurer, Gärtner und Elektriker auch so gesehen haben, die der Konkurrenz der mit der EU-Freizügigkeit zugewanderten polnischen Klempner, Maurer, Gärtner und Elektriker ausgesetzt waren und immer noch sind? Jedenfalls haben die für den Brexit gestimmt. Aber was interessiert es deutsche Linke, wenn kleine selbstständige Handwerker in England nicht mehr genug Aufträge bekommen, wenn es doch um Migration geht? Denn Migration ist für deutsche Linke prinzipiell etwas Wunderbares.
Ja, und was interessiert es deutsche Linke, wenn in Großbritannien viel zu wenig medizinisches Personal ausgebildet wird und lieber fertig ausgebildetes medizinisches Personal u. a. aus Osteuropa „importiert" wird? Im Jahr 2016 arbeiteten 50000 Ärzte und 95000 Krankenschwestern aus dem Ausland in Großbritannien, das sind 38% des gesamten medizinischen Personals. Das ist für den britischen Staat viel billiger, denn erstens spart er so die immensen Ausbildungskosten, und die ausländischen Arbeitskräfte sind in der Regel mit relativ bescheidenem Einkommen zufrieden, so werden in Großbritannien auch noch Lohnkosten eingespart.

Das dieses Personal in seinen Heimatländern fehlt und die medizinische Versorgung dort durch diese Abwanderung im Argen liegt, interessiert die deutsche Linke wenig bis gar nicht. Lieber unterstützt man die entsprechende Arbeitsmarkt-Politik Großbritanniens, denn: Es geht ja um Migration, also ist es wunderbar. Vermutlich merken meine linken Genossen nicht mehr, dass sie in dieser Frage mit den neoliberalen kapitalistischen Regierungen und Wirtschaftsverbänden längst auf einer Linie liegen.

Omis gegen rechts

Also da kämpfen jetzt auch noch „Omis gegen rechts" – und manche Leute finden das lustig! Gut, sie kämpfen nicht gegen Niedriglöhne, gegen HartzIV-Sanktionen, nicht gegen Kinder– oder Altersarmut, nicht gegen Obdachlosigkeit, sondern gegen „rechts". Da der größte Teil der guten bürgerlichen Gesellschaft ebenfalls gegen „rechts" ist, machen die Omis eben auch bei den Guten mit.

Apropros Altersarmut – davon sind sie wohl nicht betroffen.

Sie sehen aus wie die Wohlstandsdeutschen der Wirtschaftswundergeneration, im Alter mit guter Rente und noch fit. Ja, und dann engagieren sie sich noch für eine „gute" Sache. Das bringt Spaß, Anerkennung, viel Lob und viel Aufmerksamkeit. Sicher könnten sie auch sozial benachteiligten Kindern Nachhilfeunterricht geben, aber solche Kinder kennen sie vielleicht gar nicht. Und das ist auch nicht so öffentlichkeits- und medienwirksam wie der Kampf gegen „rechts", also für unbegrenzte Einwanderung und gegen die Menschen im Land, die sich gegen unbegrenzte kontinuierliche Einwanderung wenden. Und so kämpfen die guten Omis nicht gegen die Regierung oder eine bestimmte Politik, nein, sie kämpfen mit der Regierung gegen die Menschen, die gegen unbegrenzte Massen–Einwanderung sind. Sie kämpfen gegen andere Bürger ihres Landes, denen es in der Regel nicht so gut geht wie ihnen selbst.

Was werden diese Omis sagen, wenn ihre Kinder und ihre Enkel irgendwann im eigenen Land in der Minderheit sind oder Niedriglöhne akzeptieren müssen? Vielleicht werden sie sagen: „Ach, das haben wir ja nicht gewusst." Kann allerdings sein, dass sie das nicht mehr erleben, die braven Omis.

Dem Kapital ist es völlig egal,

ob jemand Mann oder Frau, homo- oder heterosexuell ist, braune oder weiße Haut hat. Ob ein Prolet homosexuell ist oder nicht, spielt für die Verwertung seiner Arbeitskraft keine Rolle. Im Gegenteil: Durch sexuelle Ausrichtung oder die Hautfarbe ändert sich die Stellung oder Funktion eines Menschen im Kapitalismus in keiner Weise. Auch ein homosexueller oder dunkelhäutiger Prolet bleibt ein Prolet, und darauf kommt es dem Kapital an:
Das Proleten als Proleten funktionieren. Und wenn es "modern" ist, dass kein Prolet wegen irgendwelcher Merkmale diskriminiert wird, hat das Kapital sicher nicht nur nichts dagegen - sondern fördert Bestrebungen gegen Diskriminierungen.
 Es gibt aber für die "Linke" etwas Bemerkenswertes beim Einsatz gegen Diskriminierung von Hautfarben oder sexuellen Ausrichtungen oder Geschlechtern: Der "Feind" oder Gegner ist dabei nicht das Kapital - das Kapital wird dabei durchaus zum "Freund". Der Feind dabei sind die Einstellungen, Traditionen, Vorurteile, Weltbilder etc. von Teilen der Bevölkerung. Dieser Kampf ist ein Kampf von "linken" Teilen der Bevölkerung gegen "nicht-linke" Teile der Bevölkerung. Mit einem Kampf gegen das Kapital hat das nichts zu tun, im Gegenteil, es geht dabei eher um eine Modernisierung des Kapitalismus, und dabei macht das Kapital gern fröhlich mit. Frauen, Homosexuelle und dunkel-häutige Menschen an Konzernspitzen von Rüstungsbetrieben, an der Spitze von Geheimdiensten und Militär-Bürokratien – das ist die Modernität, die Linken ebenso wie dem Kapital gefällt. Für die Betroffenen mag die Gleichstellung mehr oder weniger wichtig sein, je nach persönlicher Situation, je nach Schichten- oder Klassenzugehörigkeit, und es spricht eigentlich nichts dagegen, wenn "Linke" sich im Kapitalismus für gleiche Rechte für Alle einsetzen, also für eine Modernisierung des Kapitalismus - wenn gleichzeitig noch ein ausgeprägtes Klassenbewusstsein vorhanden wäre. Also wenn darüber nicht der elementare Grundwiderspruch vergessen oder in den Hintergrund gedrängt werden würde.
Und da liegt der Hase im Pfeffer. "Die Linke" hier in D. rekrutiert sich nicht aus dem Proletariat, sondern aus dem gutsituierten

Mittelstand, mit „Klassenbewusstsein" ist da nichts und kann da auch nichts sein – denn die Linken selbst gehören nicht zur Arbeiterklasse. Die Linke hat sich auch nicht in Kämpfen des Proletariats herausgebildet, solche Kämpfe kennt sie nicht. Die politische Linke war einmal geboren aus dem Kampf der Proleten gegen ihre Ausbeuter, aus der Arbeiterbewegung – aber das ist vorbei, ist Geschichte. Es gibt keine Arbeiterbewegung mehr, aus der heraus Arbeiter in die Politik aufsteigen. Die Linke ist jetzt eine Spielwiese des Mittelstands, bietet Bildungsbürgern und akademisch gebildeten Sprücheklopfern Spielwiesen und Karrieren. Und „Klassenbewusstsein" kennen die Kinder des Mittelstands nicht, können sie auch nicht kennen. Denn der Mittelstand, das gutsituierte Bildungsbürgertum, hat kein Klassenbewusstsein. Die haben noch nicht einmal ein „Schicht-Bewusstsein", die denken, so wie sie leben, denken und fühlen, leben, denken und fühlen alle anderen Menschen auch! Die wissen es nicht und kommen auch nicht darauf, dass ihr leben, denken und fühlen schichtenspezifisch ist. Arbeiter wissen in der Regel, dass sie Arbeiter sind. Die mittelständischen Bildungsbürger wissen nicht, dass sie mittelständische Bildungsbürger sind. Sie haben kein eigenes schichtenspezifisches Bewusstsein. Die denken, alle anderen wären auch so wie sie. Das ist ein wichtiger Unterschied zwischen uns Arbeitern und gutsituierten Bildungsbürgern.
Die kommen nie darauf, den Satz von Marx „Das gesellschaftliche Sein bestimmt das Bewusstsein" einmal auf sich selbst anzuwenden.
"Die Linke" hat sich vom Proletariat verabschiedet bzw. gehörte (fast) nie dazu. Und nicht nur das: Die Linke bekämpft im Rahmen ihres „Kampfes gegen rechts" die arbeitende Bevölkerung, wenn die sich nicht so wie von den linken Bildungsbürgern gewünscht äußert.
Das ist der Hauptgrund für den Aufstieg der Rechtspopulisten, die Proleten haben diese Entwicklung in der Linken gespürt. Sie spüren den Habitus des gutsituierten Bürgertums bei den Linken – und deshalb gehen sie auf Distanz zu den „linken" Kindern von Ärzten, Lehren, Rechtsanwälten, hohen Beamten, Betriebsdirektoren, etc.

Didier Eribon hat diese Entwicklung in seinem Buch "Rückkehr nach Reims" gut beschrieben.

PS:

In meinem Bezirk hieß es ehemals bei meinen werten linken Mitstreitern: „Wir müssen uns auch um den Mittelstand kümmern, nicht nur um die, die unten sind. Unter den Mittelständlern können wir auch Stimmen holen." Mal davon abgesehen, dass das „Kümmern um die Menschen die unten sind" eigentlich ein Phantasieprodukt war – aus dem „auch" in der genannten Aussage wurde schnell ein „so gut wie nur noch". Denn mit denen konnte man ja, die waren ja wie man selbst! Mit denen ließ (und lässt) sich wunderbar parlieren, während das „Gespräch" mit „denen, die unten sind", so schrecklich unbequem und schwierig und unergiebig ist.

Die politische Gruppe als Familien-Ersatz?

Vielleicht nicht ganz so krass – aber ich denke, es gibt schon unterschiedliche Ansprüche und Erwartungen von Arbeitern und Bildungsbürgern an eine politische Gruppe...
Denn die Gruppe „vor Ort" ist immer auch ein sozialer Ort, bedeutet Sozialkontakte, Kommunikation, Gruppenstruktur, persönliche Beziehungen, Bekanntschaften, Freundschaften.
Das trifft selbstverständlich auch auf örtliche Gruppen von Parteien zu, auch und besonders auf „linke" Parteien. Denn die wenden sich ja per Programm an Arbeiter, faktisch haben aber Bildungsbürger das Heft in der Hand, auch in kleinen örtlichen Organisationseinheiten.
Das Bedürfnis nach einer Familien-Ersatz-Funktion einer politischen Gruppe dürfte für Arbeiter einen anderen Stellenwert als für Bildungsbürger haben. Denn Arbeiterfamilien und Mittelstandsfamilien sind nicht gleich. Während Bildungsbürger die politische Gruppe viel mehr als Gelegenheit zum politischen Debattieren, zum Üben, zur persönlichen Profilierung durch Übernahme von Führungsfunktionen und als Basis für einen Parteiaufstieg sehen, erhoffen sich Arbeiter primär eine Verbesserung ihrer persönlichen Lage und der ihrer Klasse durch ihre politische Tätigkeit – ganz im Gegensatz zum Streben nach dem individuellen Vorteil der privilegierten Bildungsbürger und Mittelständler.
Das muss bei Arbeitern zwangsläufig zu Frustration und Enttäuschung führen, es sei denn, sie ordnen sich als brave Parteisoldaten den Bildungsbürgern unter.
Leider scheint es nach meiner Erfahrung sehr selten zu sein, dass Arbeiter in der Partei die Ursache ihrer Unzufriedenheit in der anderen gesellschaftlichen Herkunft (verbunden mit den sozialen Vorsprüngen) und den damit verbundenen Karriere-Ansprüchen ihrer Führungskräfte sehen. Einen Ausweg sehe ich nur in einer Sozial-Quote – eine Zusammensetzung der bezahlten Mandatsträger und Funktionäre entsprechend der Klassen und Schichten der Gesellschaft. Damit dürften die besagten Herrschaften mit dem genetisch verankertem Führungs- und Karriereanspruch allerdings

nicht einverstanden sein. Sie würden eine Sozial-Quote als Angriff auf sich und als Missachtung ihrer unglaublichen Fähigkeiten empfinden. Auf der anderen Seite werden sich Menschen der arbeitenden Bevölkerung mit Menschen und Kindern des gut-situierten Bildungsbürgertums nicht identifizieren und sich über kurz oder lang anders orientieren. Genau das läuft bereits seit längerem im Fall der Partei Die Linke - ein sich immer wieder neu wiederholender Grundkonflikt für jede linke Partei, der nur zum Misserfolg führen kann. Und ganz sicher zum Misserfolg führt, wenn u. a dieser Grundkonflikt nicht offen thematisiert wird.

PS I

Die Agenda2010 wurde erst dann von der SPD (und anderen Parteien) eingeführt, als in der SPD die alten Gewerkschafter, die alten Funktionäre mit sozialem Bezug zur arbeitenden Bevölkerung verschwunden waren. Die Agenda2010 wurde eingeführt, als die SPD-Elite nur noch aus Akademikern und studierten Partei-Karrieristen bestand, die die normale Arbeitswelt nicht mehr kennen. Warum wird das nie von der Linken erwähnt? Wahrscheinlich weil die linke Partei- und Funktionärselite heute genauso gestrickt ist, denke ich.

Das liebe Geld...

Über Geld redet man nicht – man hat es, sagt der Volksmund. „Ja, wir verdienen sehr gut und haben eine Menge Privilegien. Aber das ist kein hinreichender Grund für eine Kandidatur. Mir geht es um politische Veränderung." Soweit eine linke Bundestagsabgeordnete. Wer's glaubt...

Ist ja klar. Geld allein reicht nicht, a bisserl Politik muss noch als Sahnehäubchen obendrauf. Ach, es geht den Kandidierenden selbstverständlich nie um Geld und einen schönen Karrieresprung, sondern immer nur ausschließlich darum, sich (auf gut bezahlten Posten) für eine bessere Welt einzusetzen.

Zweiter Satz von der Guten: „Geld interessiert mich nur insofern, als es mir ermöglicht politisch zu arbeiten." Messerscharf gefolgert: Also ohne Geld keine politische Arbeit? So sehen es wohl die reichen karrierebewussten Linken. Und das schon im Kleinen, selbst in unserem Bezirk durften wir diese Erfahrung schon machen: Mitmachen bei Briefkasten-Steckaktionen, bei Info-Ständen? „Ach ne, das ist nicht so meine Art...Mein politischer Schwerpunkt liegt eben woanders."

Das sind dann die Linken, die gern von „der reichen Europäischen Union" und „dem reichen Deutschland" reden, die beide so reich sind, dass sie doch bestimmt noch zigtausende „Flüchtlinge" aufnehmen können. Damit wiederholen diese Linken die Bundeskanzlerin: "Deutschland ist ein reiches Land". Ja, Deutschland ist schon reich, aber die Deutschen nicht. Jedenfalls nicht die arbeitende Bevölkerung.

Diese Linken können sich nicht vorstellen, dass andere Menschen es anders sehen, ein anderes Lebensgefühl, eine andere Sichtweise haben. Und wenn doch, dann sind das sicher „Rechte". Das gesellschaftliche Sein bestimmt das Bewusstsein – auch bei reichen Linken. Wobei bei den Linken noch wie bereits erwähnt dazu kommt, dass sie selbstverständlich und niemals hinterfragt davon ausgehen, dass alle Menschen so denken, fühlen und handeln wie sie. Also das alle Menschen so sind wie sie. Sie haben keinerlei Bewusstsein davon, dass sie selbst, ihr Denken, Fühlen und Handeln, schichtspezifisch geprägt ist.

Wohlsituierte Linke, die ihre eigene Ideologie zur Politik machen – wer braucht die? Ich jedenfalls nicht, ich denke niemand, der zur arbeitenden Bevölkerung zählt, die auf dem freien Arbeitsmarkt ihre Arbeitskraft verkauft – aber vielleicht die anderen gutsituierten linken Bildungsbürger im Staatsdienst.

Und diese reichen Linken haben die Macht in der Partei; in den Parlamentsfraktionen, in bezahlten Parteifunktionen und in der parteinahen Stiftung ist das Geld, die öffentliche Aufmerksamkeit, das Interesse der Medien, die aus Steuermitteln bezahlten Mitarbeiter, über die man Einfluss nehmen kann. Und da ist natürlich das Eigeninteresse der Abgeordneten - wegen des schönen Geldes, der sozialen Anerkennung, des Status, des Prestiges. Wer einen gutbezahlten Parlamentssitz oder Parteifunktion erreicht hat, hat in der Regel sein persönliches Glück gefunden – und will es selbstverständlich behalten (Und unzählige Studenten der Politologie und zig Jungakademiker fühlen sich berufen und stehen bereit, als nächste Generation die Partei heimzusuchen und die Welt und sich selbst zu beglücken). Darüber wird intern nie geredet, über sich selbst braucht man nicht zu reden – da man doch sowieso zu den besten Menschen der Welt gehört. Hinzu kommt: Die soziale Herkunft, der Habitus der linken Parlamentarier ist die gleiche/der gleiche wie die/der der Abgeordneten der anderen Parteien, das alte deutsche Bildungsbürgertum feiert auch in der Linken weiter seine hervorgehobene Stellung. Man hat auch in der parlamentarischen Linken eine gute Existenzmöglichkeit gefunden - und die verteidigt man auch. Was haben wir Arbeiter damit zu tun? Nichts! Warum sollten wir mit unserem Einsatz und unseren Stimmen dafür sorgen, dass das Bildungsbürgertum und sein Nachwuchs in der Politik gutes Geld verdient? Besser, wir kümmern uns um uns selbst.

Nachwort

Ja, wie vielen Arbeitern und Arbeiterinnen mag es so oder so ähnlich mit „linken" Bildungsbürgern gegangen sein, in der Partei Die Linke oder in anderen linken Organisationen, wie ich es hier beschrieben habe? Wie oft haben wir frustriert das Handtuch geworfen und uns resigniert zurückgezogen? Und wir hatten keine Plattform, um uns darüber auszutauschen und konnten die Querelen nicht richtig einordnen – uns fehlten die Worte. Wie sollte uns auch der „genetisch" verankerte Anspruch auf Meinungshoheit und führende Positionen des gebildeten Standes bewusst sein! Wir dachten nur: „Was haben die denn?" und verstanden nicht, dass die einfach nur ihre gewohnte Hierarchie herstellen wollten.
Gern hätte ich von ähnlichen oder gleichen Arbeiter-Erfahrungen in linken Organisationen und Parteien gehört. Schreibt mir gern dazu an Bodo_Goldmann@web.de
In der Partei die Linke hat meiner Meinung und meinem Erleben nach eine Entwicklung stattgefunden, wie ich sie in meinem Buch beschrieben habe: Die vielen Menschen aus der arbeitenden Bevölkerung, die nach der Gründung eingetreten sind, um für ihre Klasse etwa zu tun, sind aus Funktionen und Mandaten herausgedrängt worden, haben aufgegeben, sind enttäuscht worden. Nicht aus bösem Willen (eine Katze fängt Mäuse auch nicht aus bösem Willen), sondern aus selbstverständlichem Anspruchsdenken, Führungsanspruch, Karriere-Bestreben und Einsetzen des ererbten sozialen Kapitals zum persönlichem Vorteil. Ich gehe davon aus, dass diese Entwicklung den erwähnten akademisch gebildeten Bürgern der Mittelschicht in keiner Weise bewusst ist. Für sie ist die genannte Entwicklung eine Selbstverständlichkeit, wie es für eine Katze selbstverständlich ist. Mäuse zu fangen. Sicher sind die Klassen- und Schichtengrenzen heute nicht mehr so absolut fest eingegraben wie zu Kaisers Zeiten, aber es gibt sie und es gibt sie meiner Meinung nach in den letzten Jahren sogar wieder ausgeprägter.
Zum Schluss möchte ich noch drei Bücher empfehlen, die mit meinem Thema eng zusammenhängen.
An erster Stelle: Christian Baron „Proleten, Pöbel, Parasiten –

warum die Linken die Arbeiter verachten." Ein tolles Buch, sehr empfehlenswert. Der Autor hat als Arbeiterkind sehr viele ähnliche Erfahrungen wie ich gemacht und sehr gut und ausführlich beschrieben. Er hat studiert und einen akademischen Abschluss erreicht, ist aber sich und seiner Klasse wirklich treu geblieben. Damit scheint er mir eine Ausnahme unter aufgestiegenen Arbeiterkindern zu sein. Denn ansonsten passen sich aufgestiegene Arbeiterkinder an, übernehmen bzw. ahmen soziale Codes des Bildungsbürgertums nach – verkaufen ihre Seele sozusagen.

Zweitens: Didier Eribon „Rückkehr nach Reims", in dem es primär um den Verrat der Linken in Frankreich an den Arbeitern geht;

und drittens: Owen Jones „Prolls", in dem es primär um die Verachtung von gutsituierten Mittelständlern in England für Arbeiter geht.

Das sind jetzt natürlich meine Interpretationen dieser Bücher. Die Ansprüche des gebildeten Standes verbunden mit der kulturellen Verachtung für arbeitende Menschen gibt es jedenfalls nicht nur in Deutschland, sondern ähnlich in den anderen europäischen Ländern. Aus diesen Büchern habe ich in meinen Texten ab und zu auch etwas zitiert, ohne genaue Quellenangabe, denn dieses kleine Buch ist kein wissenschaftliches Werk, sondern ein Erfahrungsbericht. Ich selbst bin nicht in der Lage, ein wissenschaftliches Werk mit zig Quellenangaben zu erstellen, und ich wende mich mit diesem kleinen Buch, in dem es um meine eigenen Erfahrungen und meine Gedanken geht, primär an Arbeiter.

Wer noch weiter in das Thema einsteigen will, kann sich noch zusätzlich mit dem Werk des französischen Soziologen Pierre Bourdieu, z.B. mit dem Buch „Die feinen Unterschiede" beschäftigen.

Vielleicht gibt es auch noch weiteres Material zum Thema, für Hinweise bin ich dankbar.

Und jetzt ganz zum Schluss: Ich denke, für uns als Arbeiter ist es wichtig, dass uns bewusst wird, wie groß die Gefahr des Benutztwerdens und des Betruges ist, wenn wir uns politisch engagieren, wie sehr die Bildungsbürger zu ihrem persönlichen Vorteil agieren. Sie kämpfen nicht für materielle Verbesserungen für die Arbeiterklasse, denn sie gehören nicht dazu und haben selber nicht die (materiellen und sozialen) Sorgen und Probleme der Arbeiter – sie sind von der persönlichen Karriere und ihrer Ideologie getrieben. Das ist meines Erachtens der Hauptgrund dafür, dass die Interessen der Arbeiterklasse nicht mehr im Mittelpunkt der Partei Die Linke stehen – falls die dort überhaupt jemals standen. Die Ideologie-Getriebenheit der bürgerlichen Linken kristallierte sich klar durch ihre Migrations-Politik heraus – wurde 2015 öffentlich deutlich und klar. 2015 und die Jahre danach wurde vielen Arbeitern, die sich von der Linken etwas versprochen hatten, klar, dass da nichts zu erwarten ist. Im Gegenteil – die Politik der bürgerlichen Linken führt zu Nachteilen für die arbeitende Bevölkerung.

Im sozialdemokratisierten Deutschland ist der Klassengegensatz, der Kampf der Elite gegen die arbeitende Bevölkerung nicht gerade stark ausgeprägt, sondern ausgiebig verkleistert. Das Empfinden, einer permanenten Aggression der Elite ausgeliefert zu sein, scheint fast nicht vorhanden zu sein. Jedenfalls nicht in Stammbelegschaften, bei Staatsdienern und anderen gutverdienenden Privilegierten. Und die Niedrigverdiener, Arbeitssuchenden, Zeitarbeiter, Aufstocker, etc., die in unsicheren Verhältnissen leben? Primär sind sie es, die die Propagierung der Einwanderung als Eliten-Projekt und als Bedrohung empfinden. Und natürlich ist es auch eine Bedrohung für sie. Und die Linken sind dabei, in der Migrationsfrage verbunden mit der Elite beim Kampf gegen die arbeitende Bevölkerung.

In einer linken Partei (für mich sind nur Parteien links, die den Interessen der Arbeiterklasse dienen), die gutbezahlte Funktionen und Mandate zu vergeben hat, wird es immer wieder auf das gleiche hinauslaufen – und ist es bisher auch immer. Das mögliche Geldverdienen und das natürliche Karrierestreben der „Gebildeten" führt unweigerlich zum Verrat an der Arbeiterklasse – falls der Verrat nicht von vornherein ersichtlich ist. Deshalb werde ich mich sicher weiter engagieren, aber bestimmt nicht in einer Partei. Ob ich noch weiterhin Mitglied der Partei Die Linke bleibe, weiß ich im Moment nicht – ist auch nicht so wichtig.
Passt gut auf euch auf.